Le voyage d'automne

FRANÇOIS DUFAY

Le voyage d'automne

Octobre 1941, des écrivains français en Allemagne

PLON

« La littérature joue un rôle capital dans la conscience que la France prend d'elle-même. Aucune autre nation ne lui accorde une place comparable. »

Ernst-Robert CURTIUS.

« Tous mes déplacements furent des voyages de noces. »

Marcel JOUHANDEAU.

« Nous sommes des malheureux et Satan nous vanne dans son crible. »

Paul CLAUDEL.

1

Au rendez-vous allemand

Toute sa vie, Marcel Jouhandeau s'est flatté d'être un « amateur d'imprudence ». Par cette expression, l'auteur des *Chroniques maritales* désignait les aventures masculines qui, régulièrement, bouleversaient la routine de son existence aux côtés de sa femme Elise et lui inspiraient de brûlants volumes de littérature confidentielle. Mais l'imprudence qu'il s'apprêtait à commettre, en ce 4 octobre 1941, passait de loin toutes les autres en gravité.

Ce samedi-là, à la tombée du jour, une lourde automobile vint cueillir Jouhandeau devant son domicile parisien, situé dans une voie privée proche de la porte Maillot. Ayant traversé la capitale aux avenues vides, la voiture le déposa, avec ses bagages, devant la gare de l'Est — *Ostbanhof*, selon un panneau rédigé dans la langue des vainqueurs. Là, après avoir fendu la foule des voyageurs, Jouhandeau se mêla sous la verrière obscure à un essaim de casquettes nazies et d'uniformes vert-de-gris. D'autres hommes de lettres français étaient là, qu'il ne connaissait guère, discutant avec les Allemands. A quai, un train de nuit attendait d'emporter tout ce monde vers l'Allemagne, dans de confortables *sleepings*.

Depuis sa prime jeunesse, Marcel Jouhandeau a aimé l'Allemagne des poètes et des penseurs. Profondément français, ce fils d'un boucher de Guéret a toujours éprouvé pour Goethe et pour Nietzsche une sorte de dévotion. Lui qui ne vit que pour l'observation de son âme, comment ne se sentirait-il pas en sympathie avec un peuple qui met un tel sérieux à l'approfondissement de la vie intérieure ? Mais pour le décider à planter là sa femme, son harmonium, ses animaux familiers, et la classe de sixième devant laquelle il aurait dû se trouver, en ce mois d'octobre, dans le pensionnat catholique du 16e arrondissement où il enseigne le français et le latin, il a fallu une tentation plus puissante que cette ancienne inclination.

Elle s'est présentée à lui, quelques mois plus tôt, dans un salon littéraire parisien, sous les traits d'un officier allemand de trente et un ans. Responsable de la surveillance de la littérature française au sein de la *Propaganda Staffel* de Paris, Gerhard Heller assistait à un concert de violoncelle dans un appartement privé. Le jeune *Sonderführer* (grade équivalent à lieutenant) a vu se poser à côté de lui cet étrange personnage qu'est Jouhandeau, à l'allure de saint tombé de quelque tryptique médiéval. La conversation s'est engagée, d'autant plus facilement que l'officier allemand venait de lire l'un de ses livres. Jouhandeau a profité de ce contact avec un représentant des autorités occupantes pour demander un *ausweis* (laisser-passer) lui permettant de se rendre dans sa ville natale, Guéret, le Chaminadour de ses livres, située en zone dite libre. Tout en observant les convives de la soirée, l'officier allemand et l'écrivain français avaient causé art et littérature : Jouhandeau offrit à Heller de lui faire rencontrer le peintre Georges Braque.

Quelques semaines passèrent. A la fin de l'été 1941, l'officier allemand s'était à nouveau manifesté, non pour répondre à la demande d'ausweis de Jouhandeau mais pour lui transmettre une invitation à découvrir le Reich. A la fin du mois d'octobre, avait expliqué l'aimable officier, un congrès international d'écrivains doit se tenir dans la ville de Weimar. Pourquoi, à cette occasion, Jouhandeau ne viendrait-il pas se rendre

11

compte par lui-même des réalités de l'Allemagne nouvelle ?

L'écrivain français avait réfléchi à la proposition. Voyager en Allemagne, en pleine guerre, sur l'invitation des autorités occupantes ! De fervents partisans de la réconciliation franco-allemande auraient hésité à franchir ce Rubicon. Jouhandeau avait expliqué que, « poète », il était d'abord un solitaire, inapte à la vie de groupe. Il avait précisé que, s'il venait, il n'écrirait aucun article, ni ne parlerait à la radio.

— Très bien, avait répondu Heller. C'est un homme comme vous qu'il nous faut. Nous sommes rassasiés des journalistes ou des chroniqueurs professionnels.

La veille du départ, prévu le 4 octobre, Jouhandeau avait encore consulté son ami Jean Paulhan, pour se rassurer, et aussi lui demander une histoire de la littérature allemande, afin de réviser ses classiques. Engagé dans la Résistance, Paulhan, quelques mois auparavant, n'avait pas découragé Jouhandeau de collaborer à la *Nouvelle Revue française* republiée à l'instigation de l'occupant.

— Tu peux seul te permettre de faire ce voyage sans que je t'en veuille, lui aurait dit Paulhan.

Jouhandeau a feint de prendre cette réponse

d'amical casuiste pour une absolution. Toujours, M. Godeau (le nom qu'il se donne dans certains de ses livres) se retranchera ainsi derrière sa singularité morale, la pureté ineffable de son âme, pour céder à ses tentations. « Les pires désirs errent parfois le soir au-dessus de moi comme de grands oiseaux que la pureté de mes profondeurs effraie et attire », a-t-il écrit quelques années plus tôt dans son *Algèbre des valeurs morales*. Car ce voyage dans un pays qu'il aime, en si virile compagnie, loin des scènes de ménage d'Elise, ancienne danseuse reconvertie en tyran domestique, est bien une terrible tentation. Sans doute M. Godeau n'était-il pas non plus mécontent d'échapper pour quelques semaines, grâce au congé exceptionnel obtenu par les soins de la Propaganda, aux bons pères de son pensionnat *[1].

Voilà pourquoi, en ce soir d'octobre, Marcel Jouhandeau se retrouve dans une gare pari-

---

* On trouvera les références complètes des ouvrages dans la bibliographie, en fin de volume.

1. Sur les conditions du départ de Jouhandeau en Allemagne, voir : Marcel Jouhandeau, *Journal sous l'Occupation* p. 79 à 81, et Gerhard Heller, *Un Allemand à Paris, 1940-1944*, p. 68-69. Voir aussi la lettre de Jouhandeau à Gerhard Heller à la Bibliothèque littéraire Jacques-Doucet (MS 32 193), et les lettres de Jouhandeau à Paulhan, pour l'année 1941, conservées à l'Institut Mémoire de l'Edition Contemporaine (IMEC).

sienne, chaudement vêtu, prêt pour cette escapade imprévue qui l'excite et qui le trouble. La veille encore, un peu inquiet des risques encourus, il se rassurait en se disant qu'il allait retrouver, embarqué dans la même galère que lui, son ami Marcel Arland, l'auteur du roman *L'Ordre*. Mais Paulhan l'a averti qu'Arland s'est désisté au dernier moment en invoquant une maladie de sa fille, de même que Paul Morand, lui aussi pressenti par les Allemands [1].

Pour compagnon de voyage, Jouhandeau, décontenancé, trouve à la place d'Arland un personnage qu'il connaît moins bien, Ramon Fernandez. D'origine mexicaine par son père, cet ex-play-boy est l'un des critiques littéraires les plus en vue de l'époque, mais aussi, depuis la fin des années trente, un militant d'extrême droite. Membre du bureau politique du principal mouvement fasciste français, le Parti populaire français de Jacques Doriot (qu'il interviewait avant son départ sous l'uniforme allemand pour le front russe un mois auparavant),

1. Voir la liste initiale des participants dans les rapports de la *Propaganda Staffel* de Paris (« Tätigkeitsbericht vom 6-bis 13 september 1941 », Archives nationales, série AJ 40 1005) et de la *Propaganda abteilung* (« Lagebericht der Propaganda Abteilung Frankreich für die Zeit vom 1.15.9.1941 », Bundesarchiv-Militärarchiv, Fribourg-en-Brisgau, RW 4/v 219).

Fernandez a assuré avec abnégation le secréta-
riat général des Cercles populaires français,
branche « intellectuelle » du parti. On le verra —
lui, le critique attitré de la *NRF* — parader dans
l'uniforme bleu du PPF, béret sur la tête et bau-
drier en écharpe. Adorateur de la force, cet
ancien intellectuel de gauche a, selon ses propres
termes, « le goût des trains qui partent ». Il est
logique qu'il soit de celui-ci.

Jouhandeau, en revanche, va tout de suite se
découvrir des affinités avec le troisième partici-
pant, moins attendu, du voyage : Jacques Chardonne. De son vrai nom Jacques Boutelleau, ce
Charentais de cinquante-sept ans s'est fait
connaître par d'admirables romans, *L'Epithalame*,
Les Destinées sentimentales, où les moindres
inflexions de la vie intime sont rendues par de
subtiles nuances. Le profil régulier, les cheveux
grisonnants plaqués en arrière, d'une élégance à
petits carreaux et nœud papillon, Chardonne
ressemble à un de ces personnages, parfaitement courtois, réservés sur leur drame, habitant
les romans anglais de l'entre-deux-guerre [1]. Sa
mère, il est vrai, est d'origine américaine. Pas
d'écrivain plus français, pourtant, que ce roman-

---

1. D'après une description de Jean Le Marchand, in Patrick
Louis, *La Table ronde, une aventure singulière*, p. 79.

cier et moraliste issu du monde des négociants en cognac et de celui des fabricants de porcelaine de Limoges, dont l'éternel sujet de préoccupation est l'amour, et d'abord l'amour conjugal : on dit de lui qu'il est le « romancier du couple ». Chardonne n'est pas seulement écrivain : il dirige, avec son associé Maurice Delamain la prestigieuse maison d'édition Stock qu'il a rachetée en 1921 et qui a fait connaître en France de nombreux écrivains étrangers.

Le tableau de chasse du Sonderführer Gerhard Heller est encore incomplet, car d'autres intellectuels français doivent rejoindre le trio à Weimar. Même si aucun « contemporain capital » ne figure dans la liste des partants, la propagande allemande est parvenue à recruter pour ce voyage des maîtres de la prose, représentatifs de l'extraordinaire âge d'or que vit la littérature française. Quoi de commun entre le patricien protestant Chardonne et Marcel Jouhandeau, le fils de boucher de Guéret, étalant dans ses livres son homosexualité au son de l'harmonium ? La pureté du style. Celui de Chardonne, fluide et elliptique, semble résulter d'une décantation à l'alambic. La phrase de Jouhandeau, jaillie du XVIIe siècle de Port-Royal, se distingue, même sur les sujets les plus scabreux, par son intime majesté.

Ces chroniqueurs de la vie privée et de la France profonde n'ont jamais été enrégimentés dans aucun parti. Ils ne sont ni maurrassiens ni fascistes. L'égotisme gidien d'un Jouhandeau n'est pas, c'est le moins qu'on puisse dire, dans la ligne de l'ordre moral vichyssois... De telles recrues n'en ont que plus de prix pour les organisateurs allemands du voyage. Dans la France occupée, le mot d'ordre donné par Otto Abetz, ambassadeur du Reich à Paris, est de séduire plus que de sévir, de favoriser une marche apparemment normale de la vie culturelle. En cette fin d'année 1941, quinze mois après la débâcle, la République des lettres a repris ses activités. Les écrivains écrivent et publient, distribuent des prix et en reçoivent, font jouer leurs pièces de théâtre, siègent à l'Académie.

Comme un symbole, à l'instigation des autorités occupantes et avec l'accord de Gaston Gallimard, la plus prestigieuse des revues, *La Nouvelle Revue française*, est reparue au mois de décembre 1940. Otto Abetz, qui considère la *NRF* comme l'une des « trois puissances de la France, avec le communisme et les grandes banques », a personnellement convaincu son ami Pierre Drieu La Rochelle d'en prendre la tête, à la place de Jean Paulhan. Au sommaire des premiers numéros : Alain, Audiberti, Chardonne, Fernandez,

Gide, Giono, Guillevic, Montherlant, Valéry... Un beau plateau. Seuls manquent à l'appel quelques réfractaires, et les auteurs juifs, exclus d'office.

Des listes de livres interdits, ou au contraire à traduire et à promouvoir sont entrées en vigueur. Les éditeurs se sont engagés à ne plus publier désormais de livres d'auteurs juifs, francs-maçons ou antiallemands. Avec zèle, ils ajoutent à leur production habituelle classiques de la littérature germanique et auteurs nationaux-socialistes, pamphlets antianglais, antisémites ou antimaçonniques. Les partisans de la collaboration intellectuelle se plaisent à souligner que l'occupant n'a pas sévi contre les écrivains pour leurs opinions politiques — seulement contre les Juifs. Du reste, les « maisons d'édition juives », Fernand Nathan ou Calmann-Lévy, ont été « aryanisées ».

En dehors de cela, la production littéraire ne s'est pas vraiment ralentie. Aussi les manuscrits à problèmes, les livres fraîchement sortis des presses, s'entassent-ils sur le bureau de Gerhard Heller, au 52, avenue des Champs-Elysées. Responsable du groupe *Schrifttum* (questions littéraires) de la Propaganda Staffel, ce Prussien plein de charme, qui parle un français correct grâce à un séjour comme lecteur d'allemand à l'université de Toulouse, accorde les visas de publication, attribue le papier en fonction de la valeur littéraire des ouvrages, mais surtout des dispositions de leurs auteurs vis-à-vis de l'Allemagne. Il rédige des notes de lecture, renseigne ses supérieurs sur les milieux éditoriaux, surveille les pages littéraires des journaux, met sur pied des opérations de propagande.

Très vite, ce bienveillant censeur a su se frayer des entrées dans le Tout-Paris littéraire. Dès son arrivée en France, il a noué des liens avec Drieu La Rochelle, à une conférence duquel il avait assisté lors d'un séjour à Paris en 1935. André Fraigneau, des éditions Grasset, lui a fait connaître Ramon Fernandez, qui à son tour lui a ouvert les portes du salon littéraire où il a rencontré Jouhandeau qui, plus tard, le présentera à Paulhan... et ainsi de suite. Dans le monde des lettres, on s'est vite passé le mot : « Il y a, à la Propaganda Staffel, quelqu'un à qui on peut parler. » Comme Ernst Jünger, qu'il fréquentera bientôt assidûment, Heller est de ces occupants francophiles qui flânent chez les bouquinistes, courent les galeries de peinture et applaudissent les représentations de la Comédie-Française. Son amour des livres est sincère, son jugement littéraire sûr.

Sans doute est-il, à trente et un ans, un peu grisé par le pouvoir exorbitant qu'il exerce.

Simple journaliste des émissions à destination de l'étranger de la radio de Berlin, débarqué à Paris dans l'anonymat le plus complet, le voilà qui régente, sous les ordres de ses supérieurs et conjointement avec l'Institut allemand, la vie littéraire d'une des capitales de l'esprit. Son zèle s'explique aussi, tout simplement, par la menace qui pèse sur lui en permanence d'être expédié sur le front de l'Est où, depuis le mois de juin, la Wehrmacht livre un combat titanesque à l'Armée rouge. Car, tout en coopérant étroitement, les différents services allemands — commandement militaire, ambassade, Institut allemand, Propaganda, services de sécurité et de renseignements, antenne de l'office d'Alfred Rosenberg — se concurrencent et s'épient. Un véritable panier de crabes. Et Gerhard Heller, angoissé chronique mais fin tacticien, louvoie, utilisant la marge de manœuvre dont il dispose. C'est lui qu'on a vu, à la fin de l'année 1940, rue Sébastien-Bottin, faire sauter les scellés de la maison Gallimard, placée sous séquestre à la suite d'un excès de zèle [1]. François Mauriac lui a écrit, dans une dédicace, sa gratitude pour s'être intéressé au sort de son

1. Même s'il n'est pas à l'origine de la levée du séquestre. Voir Pascal Fouché, *L'Edition française sous l'Occupation, 1940-1944*, t. 1, p. 75.

roman *La Pharisienne*, publié chez Grasset au printemps de 1941. Mais c'est lui aussi qui, avec la collaboration de Robert Brasillach, rédacteur en chef de l'hebdomadaire *Je suis partout*, a supervisé la campagne de presse contre ce roman d'un auteur suspect de gaullisme [1]...

En sa qualité de responsable de la littérature française, c'est encore et toujours Gerhard Heller qui, en ce mois d'octobre, va servir de chaperon jusqu'à Weimar à Marcel Jouhandeau, Jacques Chardonne et Ramon Fernandez, recrutés par ses soins. Dès l'avant-guerre, au nom du rapprochement franco-allemand, Otto Abetz, expert ès affaires françaises, avait pris l'habitude d'inviter des intellectuels français à venir, tous frais payés, visiter l'Allemagne nouvelle, les promenant de congrès du parti nazi en camps de Jeunesses hitlériennes. Ils en revenaient séduits parfois, toujours impressionnés.

Cette tactique éprouvée, les autorités allemandes continuent de l'appliquer aux élites intellectuelles de la France vaincue. Mais, en ce deuxième automne de l'Occupation, accepter ce genre d'invitation n'a évidemment plus le même sens et représente une adhésion tacite à la

---

1. Rapport de la Propaganda Staffel, « Tätigkeitsbericht für die Zeit vom 7-14-6-41 », AN, AJ 40 1005.

politique de collaboration. Cela, Chardonne, Jouhandeau et Fernandez ne peuvent l'ignorer, même si leur voyage a le prétexte « professionnel » d'un congrès international d'écrivains : en l'occurrence des « rencontres poétiques » qui se tiennent à Weimar, ville d'Allemagne centrale qui fut le séjour de Goethe et de Schiller.

Pour la première fois, en cette année 1941, des écrivains de toute l'Europe, aussi bien de pays neutres ou occupés que d'Etats satellites, y sont conviés par le ministère de la Propagande du Dr Goebbels, organisateur de la manifestation, pour discuter avec leurs confrères allemands de la « littérature dans l'Europe à venir ». Gerhard Heller — comme si c'était un titre de gloire — affirmera toujours avoir dû batailler, de conserve avec Otto Abetz et avec le directeur de l'Institut allemand Karl Epting, pour imposer la présence des auteurs français. A Berlin, on aurait été mal disposé envers ces « nègres » de Français qui créent toujours des problèmes et n'arrivent pas à se mettre dans la tête qu'ils ont perdu la guerre [1]. Mais quel sens aurait eu ces rencontres européennes sans la présence de la

1. C'est Gerhard Heller qui emploie cette expression de « nègres » dans les entretiens enregistrés qu'il a eus avec l'historien américain Herbert R. Lottmann.

nation littéraire entre toutes ? L'opposition n'a pas dû être bien vive, puique finalement la délégation française sera, à Weimar, la plus nombreuse, avec sept membres ! Au reste, les chevilles ouvrières du congrès de Weimar, Paul Hoevel et Carl Rothe, hauts fonctionnaires au ministère de la Propagande à Berlin, sont, surtout le second, des proches de Heller.

Les rencontres de Weimar ne commençant qu'à la fin du mois d'octobre, Jouhandeau, Chardonne et Fernandez, conduits par Heller, effectueront d'ici là un grand tour d'Allemagne, en compagnie d'autres écrivains « européens ».

Le train s'est ébranlé, laissant derrière lui Paris endormi, effaçant bientôt la banlieue de sa cadence de plus en plus rapide. Et voici les représentants des lettres françaises, au milieu d'étrangers en uniforme, emportés, non par la *Wanderlust* qui un matin de printemps pousse le poète sur les routes du vaste monde, mais par une machine de fer qui file dans la nuit.

2

Le Rhin romantique

Le 5 octobre 1941 au matin, le trio d'écrivains français foule le sol allemand, à Cologne. Un peu étonnés d'être là, Chardonne, Jouhandeau et Fernandez, avec leur chaperon Gerhard Heller, gagnent dans la journée la ville de Bonn toute proche où ils rejoignent, au cours d'une réception donnée à l'hôtel de ville, d'autres écrivains allemands et européens. De là, il est prévu qu'ils visitent Mayence, Francfort, Heidelberg, Fribourg, Lindau... Les organisateurs ont en effet choisi de commencer ce tour d'Allemagne par le clou touristique du pays, la vallée du Rhin, cette Allemagne méridionale qui, pour les Français, incarne le romantisme nordique.

D'emblée, le Rhin déploie pour eux ses sortilèges. Tout au long de la célèbre « trouée héroïque » qu'opère le fleuve dans un massif schisteux, entre Bonn et Bingen, ce ne sont que burgs hugoliens sur leurs promontoires escarpés, clochers à bulbes effilés, petits champs de vignes à flanc de montagne. Le train spécial qu'empruntent les voyageurs glisse comme dans un rêve le long de la vallée mythique. Que la grisaille du Paris occupé, avec ses files d'attente devant les magasins et ses voitures à gazogène, paraît loin ! Voici, à l'endroit où le fleuve se rétrécit dangereusement, la Lorelei, le rocher dont la légende romantique fait une perfide ondine peignant ses longs cheveux d'or : *Ich weiss nicht, was soll das bedeuten, dass Ich so traurig bin* (« Je ne sais ce que ça signifie, cette tristesse qui est la mienne »), chante-t-elle, personnification du charme dangereux de l'Allemagne, et les malheureux bateliers, envoûtés par son chant, de se fracasser sur le rocher... « Juste à ce moment, dans son voisinage, note Jouhandeau dans le carnet qui ne le quitte pas, pour que rien ne manquât à notre émotion devant ce décor tragique, une seule barque voguait où un homme ramait à demi perdu dans le brouillard [1]. » Avant Bingen se profile la silhouette fantastique de la Tour des souris, debout sur son île au milieu du fleuve. La légende veut que les rongeurs, au Moyen Age, y aient dévoré un archevêque, spé-

---

1. M. Jouhandeau, *Journal sous l'Occupation, op. cit.*, p. 85.

cialiste du marché noir, qui y stockait des céréales, tandis que Mayence mourait de faim. Chaque site, chaque paysage réveille ainsi des réminiscences de Victor Hugo, du Barrès du *Génie du Rhin*, des gravures enchantées de Gustave Doré.

Durant ces premiers jours de voyage, les flèches romanes ou gothiques qui scandent leur périple rappellent aux voyageurs que l'Allemagne, à l'égal de la France, est le pays des bâtisseurs de cathédrales. Les puissants édifices germaniques ont de quoi dépayser les esprits habitués à la grâce du gothique français. Que ce soit la cathédrale, imposante et noire, de Cologne, celle romane de Mayence, dont la nef rose semble tanguer sur le Rhin parmi les vignes, ou celle de Francfort où tant d'empereurs du Saint-Empire furent couronnés. Les Français ne se contentent pas de les visiter : Chardonne le protestant, Fernandez le play-boy et l'« infernal » Jouhandeau y entendent à plusieurs reprises la messe, avec leurs accompagnateurs nationaux-socialistes ! A Fribourg-en-Brisgau, après avoir vu l'évêque passer « comme sur un rayon de soleil » — mais pas Martin Heidegger, qui enseigne la philosophie à l'université de la ville et qui aurait pu leur parler de sa compromission avec le régime nazi —, ils grimperont au sommet de la flèche ajourée et unique, d'où l'on découvre la ville aux toits rouges et la Forêt-Noire.

A chaque étape, les touristes français, dont les accompagnateurs allemands font mine de respecter la sourcilleuse indépendance, ont quartier libre pour flâner dans les rues des vieilles villes. Les bombardements n'ont pas encore altéré le charme de ces cités aux pavés inégaux, avec leurs maisons à colombages serrées les unes contre les autres, aux balcons maniaquement fleuris, aux toits pentus couverts de tuiles en forme d'écailles de poisson. Monde immémorial, sorti tout droit d'un Moyen Age des contes, sans rapport apparent avec l'Allemagne des autostrades et des vallées sidérurgiques. L'amour et la mort semblent y rôder, sur fond de *Lied* romantique. Un soir, à Bonn, à la lueur du clair de lune, les promeneurs français s'attendrissent en contemplant un marin et une blonde Gretchen qui descendent vers le fleuve, comme pour s'y noyer, au cri de : « *Zum Rhein !* »

Conçu sur mesure pour des écrivains, l'itinéraire fait la part belle, au cours de cette première semaine de voyage, aux gloires littéraires et artistiques de l'Allemagne. Le 5 octobre, à Bonn, les voyageurs français ont rendu leurs devoirs à Beethoven, auquel, dans l'Allemagne des années quarante, seul Wagner vole la vedette. La maison natale du compositeur frappe Jouhandeau par son air italien. Il s'émeut d'y voir le vieil orgue où jouait Ludwig enfant, chez les Minimes, aux messes de l'aube.

Le jour suivant, 6 octobre, à Bingen, les voyageurs ont visité la maison de Stefan George, poète en qui certains ont vu un annonciateur du Troisième Reich, mais qui a accueilli d'un silence glacé les honneurs dont Goebbels l'accablait et s'en est allé mourir en Suisse en décembre 1933. Sans doute est-ce le lieutenant Heller qui a tenu à inscrire cette étape au programme : il aime particulièrement ce poète hautain et viril, à l'idéal héroïque, dont les traductions de Baudelaire et de Mallarmé l'ont initié à la littérature française. Ramon Fernandez partage son goût pour cet auteur qui unit, juge-t-il, « la pureté difficile d'un Mallarmé et d'un Valéry au recueillement monacal d'un Walter Pater [1]. » Qui sait même si le lettré Sonderführer, en visitant la maison un peu triste de Stefan George, n'a pas glissé à l'oreille de ses hôtes français quelqu'une de ses strophes — par exemple, ce chant de la servitude volontaire, qu'Alfred Fabre-Luce allait

1. Ramon Fernandez, « A travers l'Allemagne », *La Gerbe* du 6 novembre 1941.

inclure dans son *Anthologie de la nouvelle Europe :*

Je sens que dans mon cœur bat l'amour de mon Maître
Vous connaissez le tendre et moi le noble amour
Moi je vis pour mon noble Maître.

Le lendemain, 7 octobre, à Mayence, on fait aux visiteurs étrangers la démonstration des premiers tâtonnements de l'imprimerie dans la demeure de Gutenberg, natif de la ville. Mais le clou de ces pèlerinages culturels, c'est la maison natale de Goethe, à Francfort, que les voyageurs visitent le 8 octobre.

La demeure de la rue de la Fosse-aux-Cerfs, datant du XVIe siècle, remaniée par le père de l'écrivain, et qui sera détruite dans un bombardement en 1944, dresse encore vers le ciel sa haute silhouette d'origine, que termine un petit fronton. Son intérieur bourgeois reporte les visiteurs deux siècles en arrière : clavecin couleur chauve-souris au-dessous du portrait de la mère du poète, pompe à eau intérieure, petite fenêtre de laquelle son père surveillait les allées et venues de Johann Wolfgang auprès de sa première petite amie, fille de l'épicier voisin. L'émotion des écrivains français, dans cette demeure matricielle, dépeinte par Goethe dans son autobiographie *Poésie et vérité*, n'est pas feinte. Jouhandeau porte une sorte de vénération au grand écrivain ; sa femme Elise lui chante parfois l'hymne à la nature du *Werther* de Massenet... Quant à Chardonne, l'échec de l'éducation infligée par Goethe à son fils August lui a inspiré, neuf ans plus tôt, dans *L'Amour du prochain*, un beau développement, conclu par une maxime dans sa paradoxale manière : « Il faut avoir le courage d'abandonner ses enfants : leur sagesse n'est pas la nôtre. »

En Goethe, Chardonne aime surtout le classique, l'écrivain faussement impassible qui, de bonne heure — comme lui-même — a étouffé les cris de sa jeunesse. Homme des coteaux mesurés de la Saintonge, l'auteur du *Bonheur de Barbezieux* fait profession de détester l'excitation romantique en littérature, en politique et dans la vie privée. Pourtant, dans cette Allemagne du *Sturm und Drang*, des Nibelungen et du vertige de l'absolu, il trouve un aliment de choix pour son monologue intérieur. Ce romantisme allemand, qui « sait que l'homme n'est pas uniquement un être de raison », qui « pressent les forces obscures et la totalité harmonieuse du monde », qui « croit aux révélations de l'inconscient, aime les paroles magiques et les grands cultes collectifs » — description qui s'applique aussi bien aux hallucinations littéraires des Hoffmann, Tieck ou Arnim, qu'aux nuits de Walpurgis nationales-socialistes —, Jacques Chardonne en accepte à présent l'envoûtement [1]. « L'Allemagne, cette Asie », aime-t-il à soupirer, ravi et un peu désapprobateur, avec son bizarre accent anglo-saxon...

A côté de ces pèlerinages spirituels, qui voient les ambassadeurs de la culture française s'incliner respectueusement devant les génies de l'Allemagne, le programme concocté par la Propaganda comprend de plus terrestres nourritures : promenades dans les vignobles, dégustations des meilleurs crus rhénans dans les caves et les celliers, selon une savante gradation, allant du vin le plus simple aux grands crus à mille marks la bouteille. Grisé, Jouhandeau proclame certains blancs liquoreux supérieurs au sauternes. Chardonne se découvre une prédilection pour les vins de Franconie, Ramon Fernandez stupéfie les Allemands par sa capacité d'absorption, célébrant à tout propos « cet ordre du vin, chanté par Anacréon et par Meredith, qui jette un pont irisé entre la sensation et la pensée [2] ».

---

1. Jacques Chardonne, *Le Ciel de Nieflheim*, réédition officieuse, portant la mention « Bucarest 1991 », p. 76.
2. R. Fernandez, « A travers l'Allemagne », *La Gerbe* du 6 novembre 1941

Les sommeliers de Mayence, avec leur tabliers blancs qui rappellent à Jouhandeau la boucherie paternelle de Guéret, ou les joyeuses serveuses de Fribourg, avec leur boule multicolore au-dessus de la tête, réjouissent les visiteurs par leurs costumes pittoresques. Les écrivains français sont conviés à des banquets dans les hôtels de ville ou dans les anciens palais princiers. En ces temps de restrictions, nul doute qu'ils apprécient ces agapes qui ne leur coûtent pas un ticket de rationnement. Car, évidemment, ils voyagent tous frais payés par le ministère de la Propagande. A chaque étape, ils descendent dans les meilleurs hôtels. On leur fournit même, semble-t-il, de l'argent de poche pour leurs dépenses quotidiennes [1]...

Les repas sont l'occasion de faire connaissance avec les autorités locales : bourgmestres, fonctionnaires régionaux, militaires. Tout un personnel politico-administratif surgi de nulle part, exempt des travers de l'ancienne Allemagne wilhelminienne, de la balafre de l'étudiant, de la morgue de l'officier. Où sont passés les Allemands gras et obtus, d'abord préoccupés de

---

1. Selon Jan-Pieter Barbian, (*Literaturpolitik im « Dritten Reich »*, p. 442), le coût total du voyage allemand des écrivains européens s'élèvera à 52 965 Reichmarks de l'époque.

commerce, que Chardonne avait rencontrés lors de ses premiers voyages en Allemagne avant la guerre de 14 ? L'Allemand d'aujourd'hui, s'extasie-t-il, est un jeune entre trente et quarante-cinq ans. « Ses parents furent ruinés en 1920. Il eut une jeunesse pauvre, très dure, il s'est instruit difficilement en gagnant sa vie, il n'a pensé qu'au relèvement de son pays, il a créé une société entièrement nouvelle, et une armée [1]. » Comme pour souligner *a contrario* la vertu spartiate de ces hommes nouveaux, l'interprète de la caravane d'écrivains est un aristocrate du nom de von Hütten. Maniéré, accoutré de châles, il semble, au milieu des sveltes apparatchiks nationaux-socialistes dont il est la risée, un vestige de la vieille Europe agonisante.

Partout, durant cette première semaine de voyage, ces officiels qu'ont pourrait imaginer plein de rancune envers la France réservent le meilleur accueil aux écrivains et leur tiennent les propos les plus rassurants.

Le 9 octobre à Heidelberg, la célèbre ville universitaire des bords du Neckar, haut lieu du romantisme, un certain M. Delwig, en leur faisant visiter le château en ruine qui surplombe la

---

1. J. Chardonne, « Voir l'Allemagne », *La Gerbe* du 13 novembre 1941.

ville, explique que le militarisme du régime national-socialiste n'aura qu'un temps : on reviendra, assure le brave homme, aux humanités, à la culture, à la vie de l'esprit, à ce *Geist* qui n'a été négligé que par la nécessité de la guerre. Et comme Jouhandeau s'excuserait presque de ce que le château de Heidelberg, dentelle de pierre aux allures fantastiques, soit dans ce triste état par la faute des armées de Louis XIV qui l'incendièrent, on le met à l'aise :

— Au contraire, Heidelberg sait un gré infini à MM. de Turenne, de Tilly et de Lorges d'avoir fait de ce vilain manoir une ruine aussi tragiquement belle.

Le maire de Heidelberg est tout aussi aimable. Le regard embué au seul nom de la France, dont sa mère est originaire mais contre laquelle il a deux fois porté les armes, il appelle de ses vœux son relèvement, citant Maître Eckart, le grand mystique rhénan du Moyen Age : « La souffrance est la seule voie qui mène à la connaissance et au perfectionnement de soi-même. » Le maire raconte aussi comment, officier durant l'invasion de 1940, il eut le privilège de saisir à Clamecy les archives de l'état-major interallié.

Fernandez, Jouhandeau lisent ensuite de petits discours. Les auditeurs se récrient sur la clarté du propos de Jouhandeau :

— Vous avez dit exactement ce que nous pensons, mais nous ne saurions l'exprimer comme vous.

Les visiteurs français goûtent ces propos pleins d'amitié, sans douter une seconde qu'ils soient sincères.

Apparatchiks du ministère de la Propagande, Paul Hoevel et Carl Rothe, qui voyagent avec le groupe, abreuvent les voyageurs de propos tout aussi aimables. Le second, auteur de romans, a traduit en allemand la correspondance de Voltaire. Attentif, disponible, aplanissant les moindres difficultés, le Sonderführer Heller est pour sa part le plus agréable des cicérones.

Ainsi va le voyage, avec son alternance de temps forts et de moments creux, d'enthousiasmes partagés et de replis individuels. Chacun prend ses habitudes, se découvre des affinités avec tel ou tel de ses nouveaux compagnons. Chardonne qui, distrait, sème des affaires personnelles ici ou là, fait plus ample connaissance avec Marcel Jouhandeau. Si différents soient-ils, les deux hommes prennent plaisir à converser. Assez vite, en revanche, la personnalité de Ramon Fernandez, son érudition exubérante — qui à la même époque ravissait tant la jeune Marguerite Duras, sa locataire, rue Saint-Benoît

36

— portent sur les nerfs de Jouhandeau qui aurait préféré voyager, comme cela était prévu, avec Marcel Arland. « Ce n'est là qu'un virtuose complaisant qui exécute différents morceaux sans conviction ni respect pour la vérité », grommelle Jouhandeau à propos du critique de la *NRF*. « Aux divines idées se mêle toujours chez lui une préoccupation de boire ou de manger, comme une odeur de cuisine [1]. » L'agacement de Jouhandeau est à son comble chaque fois que Fernandez et Chardonne se lancent dans de puérils *Kriegsspiel*, refaisant la carte du monde en guerre, de la Tunisie à l'Ukraine en passant par le Bourbonnais. Etranger à ce genre de préoccupations, l'asocial Jouhandeau aime à se croire un roi en voyage, entouré de sa maison. Depuis son dais d'égotisme, il ne perd rien du spectacle de ce camp volant, et couvre de sa fine écriture son calepin, attrapant ici une impression, là un dialogue, là encore un visage nouveau. Observateur exact, mais qui, par la seule magie de la phrase, donne à la réalité la plus quotidienne un tour quasi légendaire.

Ce détrousseur d'âmes à l'occasion de se repaître à loisir de visages nouveaux. De nombreux intellectuels « européens », qui doivent

1. M. Jouhandeau, *Journal sous l'Occupation*, *op. cit.*, p. 104.

participer eux aussi au congrès de Weimar, accomplissent aux côtés des Français cette tournée touristique à travers le Reich. Il y a là, bien sûr, des Allemands, comme le poète Moritz Jahn, le populaire auteur de comédies August Hinrichs, le poète lyrique Friedrich Schnack. Mais aussi un Italien haut en couleurs, le Dr Alfredo Acito, professeur de « philosophie fasciste » à Milan et rédacteur en chef de la revue *Tempo di Mussolini* qui les rejoint à Fribourg et se lance dans des diatribes antisémites. Et puis des Espagnols, des Scandinaves, des Hollandais et des Flamands, et même une Bulgare, l'unique femme de la troupe, une dame Popowa-Mutafowa.

La cohabitation s'avère toutefois difficile avec les littérateurs des pays du nord de l'Europe.

Comme Chardonne se présente courtoisement à l'un des Danois — très certainement l'écrivain animalier Svend Fleuron —, dont, chez Stock, il est justement l'éditeur, et qu'il lui propose, sans passer par son éditeur scandinave, de traiter avec lui directement des droits de son nouveau livre, celui-ci lui répond qu'il ne se soucie pas le moins du monde d'être lu en France !

On assure aux Français qu'il n'y a pas lieu de se formaliser, que cet écrivain passe pour un original, même dans son pays. Mais du haut de ses cent kilos et de son mètre quatre-vingt-dix, un jeune auteur flamand, plein d'un égal dédain pour la sous-humanité latine, se montre tout aussi rogue avec Jouhandeau :

— Sachez, monsieur, que vous avez affaire en moi à un ennemi irréconciliable de votre pays.

Heureusement, il y a Arvi Kivimaa. Ce poète finlandais de trente-sept ans, qui dirige le Théâtre populaire d'Helsinki, est germanophile, mais aussi francophile, et il a vécu en France. Dès l'étape de Bonn, Kivimaa a été fortement impressionné par le trio d'écrivains venus de Paris, chacun représentant à ses yeux une vertu française. Chardonne incarne pour lui la tradition du roman psychologique dans toute son élégance, Ramon Fernandez, c'est le Latin, l'homme d'action baroque et exubérant, Jouhandeau — pour qui il éprouve un faible — une sensibilité exquise jointe à la grandeur éthique. « Il est inutile d'imaginer qu'on pourrait commander ou contraindre ces consciences artistiques », s'enthousiasme le Finlandais, admiratif devant le « courage personnel » de ces intellectuels qui osent jeter un pont sur le gouffre séparant la France et l'Allemagne. Ramon Fernandez l'assure pour sa part qu'en 1939-40 il a lutté « avec son stylo » pour la Finlande en guerre contre l'URSS [1].

Mais surtout, dans le train pour Francfort, Jouhandeau fait la connaissance d'un jeune poète allemand dont la simplicité rustique l'enchante. Agé de vingt-six ans, il n'en paraît que dix-huit. Malgré son jeune âge, cet espoir des lettres germaniques, qui voyage en uniforme (permissionnaire, il arrive directement du front de l'Est), voit ses poèmes tirés à des millions d'exemplaires.

Jouhandeau, conquis, trouve à cet enfant prodige « l'air du berger David ». En retour, le jeune poète lui dédie aimablement un de ses hymnes, dans le style de Hölderlin : « Toi qui viens de l'Occident, couronné de pain et de vin... » Le poète ne parlant pas français et Jouhandeau très mal allemand, Heller fait la traduction. Bientôt, les deux Allemands et Jouhandeau deviennent inséparables.

A Francfort, dans une taverne en sous-sol, Jouhandeau, ravi, est assis entre Heller et le jeune poète.

---

1. Arvi Kivimaa a consacré un livre entier à son voyage en Allemagne : *Eurooppalainen Veljeskunta : Runoilijmatka Halki Saksan* (« La confrérie européenne : voyage d'un poète à travers l'Allemagne »).

— Vous êtes mon frère, se risque-t-il à dire à Heller.

Le jeune poète. — Vous lui faites beaucoup d'honneur.

Jouhandeau. — Mais vous aussi, vous êtes mon frère.

Après minuit, les trois hommes sortent bras dessus, bras dessous de la taverne. Ils tombent en arrêt devant une statue représentant un groupe de trois personnages, où ils croient se reconnaître.

— Les trois messieurs de Francfort.

Et comme leurs ombres se confondent sur le pavé, Heller corrige :

— Mais ce sont trois amants.

Le lendemain, au cours d'une discussion, Jouhandeau exprime l'idée selon laquelle « les livres sont nos meilleurs amis ».

— Voilà qui n'est pas gentil pour Gerhard et pour moi ! se récrie le jeune poète.

De complicités en agaceries, voire en avances à peine voilées, Jouhandeau se sent glisser avec ses compagnons dans une familiarité charmante. Saisi d'une inquiétude passagère, il se demande si tout cela n'est pas trop beau, s'il ne s'agit pas d'un piège. Toutefois, la dimension politique de ce traquenard amoureux ne l'arrête guère. A moins qu'elle n'ajoute du piment à l'aventure. Délicieux frisson, divine imprudence

41

que celle qui redouble le « péché » par une dangereuse compromission politique — fruit d'autant plus délicieux qu'il est deux fois défendu !

Par le passé, Jouhandeau n'a pas craint de s'aliéner ses concitoyens de Guéret en tympanisant leurs turpitudes, ni de se compromettre en levant le voile sur son homosexualité dans ses ouvrages. Au nom de quelle pseudo-morale patriotique se priverait-il aujourd'hui de si agréables rencontres ? Aussi bien, selon la théologie toute personnelle qu'il s'est forgée, le vice n'est pas contradictoire avec la sainteté. Qu'importe la « faute » si l'intention est pure, et l'expérience enrichissante pour l'âme. Seule compte la « générosité » de celui qui s'abandonne à sa pente, que ce soit dans le bien ou dans le mal ; l'unique péché honteux serait une lâche prudence. Comme l'explique cet infernal théologien au long de ses traités de morale à rebours, la liberté de se damner est un don merveilleux de Dieu fait à l'homme. Loin de mener au malheur, le péché confirme la grandeur de la créature, égale à celle du créateur.

Tout cela ne dit pas qui est le jeune poète allemand, dont Jouhandeau s'entiche à présent [1]. Ce

---

1. Il est désigné la plupart du temps par les initiales H.B. dans le Journal qu'a tenu Jouhandeau durant le voyage, et par la lettre H. dans son plus intime *Voyage secret*.

n'est pas Heller qui, dans ses Mémoires, publiés en 1981 sous le titre *Un Allemand à Paris*, prétextant une promesse faite à Jouhandeau pour maintenir un voile pudique sur le nom du jeune homme, peut nous renseigner. Noble respect de la vie privée ? La véritable raison de cette dissimulation est sans doute ailleurs.

Loin d'être un inoffensif versificateur, ce poète aux traits purs est l'un des enfants chéris du IIIᵉ Reich. A l'âge de dix-huit ans, en 1933, Hans Baumann a composé — paroles et musique — l'un des chants nazis les plus célèbres, qui a fait de lui le poète attitré des Jeunesses hitlériennes : *Und heute gehört uns Deutschland und morgen die ganze Welt* (« Aujourd'hui, l'Allemagne nous appartient, et demain le monde entier »). Presque aussi connu que le *Horst Wessel Lied*, ce chant de marche oppose l'insolence intrépide des jeunes nationaux-socialistes au vieux monde caduc de la république de Weimar et à la menace bolchevique. Au pas cadencé, la soldatesque de Hitler l'a entonné sur toutes les routes d'Europe :

Ils tremblent, les os vermoulus du monde, devant la
[guerre rouge
Nous avons brisé l'effroi, pour nous ce fut une grande
[victoire

Nous continuerons à marcher, même si tout tombe en
                                          [ruine
Aujourd'hui l'Allemagne nous appartient, et demain le
                                          [monde entier !

A l'âge de vingt et un ans, Hans Baumann a fait acte de candidature dans la SS. En cette année 1941, il sert comme lieutenant dans un régiment d'infanterie sur le front de l'Est, tout en étant comblé de commandes et d'honneurs par le pouvoir. Sa pièce de théâtre, *Alexander*, vient même d'être montée au Théâtre national de Berlin, mise en scène et interprétée par le grand acteur Gustaf Gründgens ! Il s'apprête à recevoir le prix Dietrich Eckart (du nom du « père spirituel » du nazisme) qui lui sera remis en novembre par la ville de Hambourg [1].

Voilà l'archange casqué dont Jouhandeau apprécie tant la compagnie ; voilà le tendre psalmiste dont Heller — qui, dans ses Souvenirs, se décrira comme une sorte d'opposant secret au nazisme — est proche au point de former avec lui et Jouhandeau, selon ses propres termes, une trinité amoureuse !

En réalité, toute la troupe des hommes de

---

1. Sur Hans Baumann, on peut consulter : Jürgen Hillesheim et Elisabeth Michael, *Lexikon national-sozialistischer Dichter*, p. 38 à 51.

lettres, subjuguée, se pâme devant le jeune dieu nazi. Un peu plus tard, glissant en bateau sur un lac, les voyageurs émus admireront leur idole « seul sur le pont où il suit, sans bouger, l'arrivée de la nuit du sud », « penseur silencieux, qui probablement est en train de traduire l'écriture cachée et éternelle des étoiles, en un immortel langage poétique européen [1] ».

Un Allemand peut toutefois en cacher un autre. En vérité, l'objet des ardeurs de Marcel Jouhandeau, dont l'idéal masculin est l'Adam de la Chapelle Sixtine, n'est pas tant l'éphèbe Hans Baumann que le trentenaire Gerhard Heller. C'est pour le Sonderführer de la Propaganda Staffel, et pour nul autre, qu'il effectue ce compromettant voyage. Jouhandeau se prend à éprouver pour le « lieutenant Belhomme », comme on le surnomme dans les milieux littéraires français, un sentiment tel qu'il n'en a pas ressenti depuis la fin, deux ans plus tôt, de sa liaison avec Jacques Stettiner, le jeune peintre — juif — qui est le héros de son livre *Chronique d'une passion*.

Se sentant pris dans les filets de Heller, Jouhandeau le traite tendrement de « monstre ».

Alors, Ramon Fernandez, qui passe par là, de commenter, en bon critique littéraire :

1. A. Kivimaa, *Eurooppalainen Veljeskunta*, *op. cit.*, p. 40-41.

— Tiens, le langage de Racine.

Un peu plus tard, alors que Jouhandeau donne le bras dans l'obscurité à un jeune officier qui le guide, Heller surgit en coup de vent et lui décoche, avec une ironie où semble percer une pointe de jalousie :

— Redites voir un peu, dans ces ténèbres, que je suis un monstre ?

Plus tard encore, dans le train, comme on passe et repasse devant le compartiment où se trouvent Jouhandeau et le Sonderführer, quelqu'un demande :

— Que font ces gens à aller et venir ainsi ?

Alors Heller, sardonique, de glisser :

— Ils viennent voir le monstre.

Le soir, Jouhandeau se rend dans la chambre que partagent Heller et Hans Baumann et y lit avec eux un poème sur la mère du jeune poète, décédée pendant que son fils combattait sur le front de l'Est [1]...

Tout à leurs nouvelles amitiés *feldgrau*, Jouhandeau et les ambassadeurs de la France littéraire ont-ils conscience d'aller trop loin ? Jouhandeau sait fort bien ce que cet imprudent voyage chez l'ennemi peut lui coûter si un jour,

1. Anecdote qui ne figure que dans *Le Voyage secret*, *op. cit.*, p. 14.

par malheur, l'Allemagne n'était plus victorieuse. Mais son argumentaire est tout prêt : ses intentions sont pures, se répète-t-il dans les instants où les conséquences lointaines de son voyage le font frémir. Il a accepté d'y participer parce que, depuis qu'il a su lire, comprendre et sentir, il a aimé l'Allemagne, ses philosophes, ses musiciens, et pensé que « rien ne serait plus utile à l'humanité que notre entente avec elle ». Un Français n'est pas nécessairement germanophobe, même à l'heure présente ! D'ailleurs, il est indéniable, à moins d'être de mauvaise foi, qu'après leur victoire les Allemands auraient pu traiter plus mal encore les Français.

Et M. Godeau de souhaiter, selon son expression, « faire de son corps un pont fraternel entre l'Allemagne et nous [1] »...

Un incident de parcours va donner aux hommes de lettres français l'occasion de faire montre d'un patriotisme sans faille qui, supposent-ils peut-être, les dédouane de tant de compromissions. Leur itinéraire rhénan doit en effet passer le 11 octobre par Strasbourg. Depuis la défaite, en violation de la convention d'armistice, les deux départements alsaciens ont été rattachés au pays de Bade, sous la férule d'un *Gauleiter*

---

1. M. Jouhandeau, *Journal sous l'Occupation, op. cit.*, p. 84.

qui a entrepris de les « défranciser ». Juifs alsaciens, « Français de l'intérieur » et « Alsaciens francophiles » en ont été expulsés. La langue française y est proscrite, le mark y a remplacé le franc. « *Hinaus mit dem Welschen Plunder* » (« Dehors la camelote française »), proclame une affiche montrant un coq, une Marianne, un béret basque et un livre de Hansi expulsés d'un vigoureux coup de balai. Un règlement officiel recommande aux populations de se servir des drapeaux tricolores qu'elles pourraient posséder pour les besoins du ménage.

Comme un seul homme, Chardonne, Jouhandeau, Fernandez, demandent à brûler cette étape strasbourgeoise, symbole douloureux de l'humiliation de la patrie. On peut être collaborateur, on n'en reste pas moins patriote ! En un assaut factice de noblesse d'âme, leurs hôtes allemands font mine de comprendre ce sursaut de dignité un peu dérisoire après tant de compromissions :

— A votre place, nous ferions de même.

Pendant que le reste de la troupe passe la journée à « Strassburg », où une réception est donnée en son honneur par le gauleiter Robert Wagner, les Français feront donc une excursion en Forêt-Noire. A leur retour en France, ils se targueront de ce haut fait. Pour un peu, ironisera

Jean Paulhan en apprenant ce changement d'itinéraire, ils se croiraient des héros de la Résistance.

Un autre incident de parcours, au cours de
leur périple rhénan, a déjà mis les hommes de
lettres français face à leurs contradictions. Entre
deux étapes, le train qui transporte les voyageurs
ralentit soudain en pleine campagne.

Gerhard Heller, témoin de la scène, la raconte
dans ses Souvenirs :

« On ouvre les fenêtres et on entend parler
français sur la voie. Mes amis écrivains se pen-
chent et découvrent des prisonniers qui avaient
arrêté leur travail sur le remblai pour laisser
passer notre train. Ils étaient une dizaine, gardés
par deux soldats en armes. Quel contraste entre
leurs visages haves et mal rasés, leurs capotes
élimées, avec les deux lettres KG [1], marquées à la
peinture blanche, et les tenues élégantes, les
corps bien nourris des voyageurs. Ceux-ci sont
quelque peu honteux de leur situation privilé-
giée en face du malheur de leurs compatriotes.
Ils essayent d'engager la conversation, mais ne
savent que répondre lorsque les autres leur
demandent ce qu'ils font dans ce train. Quelques
mots seulement sont échangés avant que nous

1. Pour *Kriegsgefangener* « prisonnier de guerre ».

repartions : ils suffisent pour remuer profondément les Français de notre groupe [...]. L'atmosphère en était assombrie, mais aussi nous
étions redescendus d'une sorte de rêve culturel
intemporel dans la dure réalité historique [1]. »

---

1. Gerhard Heller, *Un Allemand à Paris, op. cit.*, p. 84-85.

3

Deutschland-Frankreich

— Entre la France et l'Allemagne il n'y a plus de problème, si la France le veut.

L'homme qui prononce ces rassurantes paroles, à l'hôtel *Bayerischer Hof* de Munich, où les écrivains font halte le 14 octobre après dix jours de pérégrination, n'est pas n'importe qui. Nuque taurine, traits épais, Hanns Johst est, à cinquante et un ans, le plus puissant personnage des lettres allemandes. Il préside en effet la *Reichsschrifftumskammer* (Chambre de littérature du Reich), l'une des sept chambres culturelles à travers lesquelles le ministère de la Propagande de Goebbels contrôle la vie culturelle allemande. Sous peine d'être réduit au chômage et au silence, tout écrivain, mais aussi tout journaliste, éditeur ou libraire, doit y être affilié. Il va sans dire que, depuis les lois de Nuremberg, les Juifs en sont automatiquement exclus.

Jouhandeau écoute d'une oreille attentive ce confrère allemand d'un genre un peu particulier. Car Hanns Johst est écrivain, lui aussi. A ses débuts, il a donné dans l'expressionnisme, fréquentant même Bertolt Brecht. Mais, au tournant des années trente, il a glissé de l'esthétique expressionniste à la vision nationale-socialiste du monde. Il a adhéré au parti nazi en 1932. L'œuvre qui a fait sa gloire est une pièce de théâtre intitulée *Schlageter*, à l'affiche depuis 1933. Ce drame patriotique dédié à Hitler, « en signe d'affectueuse admiration et de foi inébranlable », monte en épingle un épisode historique : la mort d'Albert Leo Schlageter, ancien combattant de la Grande Guerre, membre des corps francs et proto-nazi, fusillé par les troupes d'occupation françaises dans la Ruhr en 1923 pour le sabotage de la voie de chemin de fer Düsseldorf-Duisbourg, qui causa la mort de dix soldats français. Au quatrième acte du drame, Schlageter meurt en martyr sous les balles du peloton d'exécution, en appelant l'Allemagne humiliée par le diktat de Versailles à un réveil incendiaire.

C'est dans cette pièce qu'on trouve une formule célèbre, qui offre un saisissant raccourci de l'attitude du IIIe Reich vis-à-vis de la culture. Après avoir dénoncé le fatras idéaliste hérité du

Siècle des lumières, l'un des personnages s'y exclame en effet :

— Quand j'entends le mot culture, j'arme mon Browning !

Communément attribuée à Goebbels ou parfois à Goering sous une forme un peu modifiée (« Quand j'entends le mot culture, je sors mon revolver »), cette formule est donc sortie de la cervelle de Hanns Johst.

Sa haine de la culture, son nationalisme forcené ne l'empêchent pas de déployer, en ce mois d'octobre 1941, devant Marcel Jouhandeau, la plus lourde francophilie. Après les plaisirs innocents du tourisme culturel, l'endoctrinement des visiteurs français a véritablement commencé :

— L'Allemand d'aujourd'hui, explique benoîtement Hanns Johst, contrairement à celui de 1870 ou de 1914, ne poursuit aucun but impérialiste. Il éprouve par exemple un respect sincère et profond pour la France. Certes, on ne dissipe pas en si peu de temps le malentendu ancien qui déchire les deux pays. Mais rien de nos différends n'est essentiel. Il suffirait que, laissant tomber l'une et l'autre leurs oripeaux sanglants, nos deux patries se regardent toutes nues, et voilà l'Histoire tout d'un coup bouleversée !

Et le président de la Chambre de littérature du Reich de lâcher cette confidence à Jouhandeau :

— Savez-vous, monsieur, que ma mère, une paysanne distinguée qui avait mis sa gloire à apprendre le français, parce qu'elle considérait votre langue comme la plus belle du monde, ne consentait à la parler que le dimanche ?

Aussi grossier soit-il, ce genre de discours trouve un écho chez les hommes de lettres français. Marcel Jouhandeau en note pieusement chaque syllabe dans son carnet.

Contre toute attente, Jacques Chardonne est lui aussi vulnérable à cette logorrhée. Au départ, pourtant, ce grand bourgeois, romancier des désillusions de la vie privée et des bienfaits du capitalisme libéral, paraissait le moins disposé à succomber aux séductions violentes du national-socialisme. Né en 1884, Chardonne, à qui un séjour dans un sanatorium suisse (il y trouva son pseudonyme, emprunté à une localité proche de Vevey) a évité l'horreur des tranchées, s'est toujours montré plus sensible aux analyses de Jaurès et de Caillaux qu'aux sonneries de clairon à la Déroulède. Non sans raisons, il estime que la France — « ce brochet de l'Europe », comme disait von Bulow —, par légèreté ou par revanchisme, a une lourde responsabilité dans le déclenchement des trois guerres qui l'ont opposée à l'Allemagne, y compris la plus récente. Il a vu dans le traité de Versailles un modèle d'hypocrisie. « On ne comprime pas un peuple vigou-reux comme on le fit après 1918 sans qu'il éclate un jour », dira-t-il [1]. En avance sur son temps, et conscient des faiblesses de la France, Chardonne est favorable à une Europe fédérale. « Un jour, j'en suis sûr, écrivait-il à la fin des années trente, l'Europe raisonnable sera composée de nations fédérées qui vivront en paix et qui auront mis d'accord (c'est le plus difficile) leurs propres passions et leurs propres intérêts [2]. »

En 1938, comme beaucoup de Français, Chardonne s'était montré ardemment munichois. Quant la guerre éclata, faisant volte-face, il fit preuve, comme en témoigne sa correspondance privée, d'un bellicisme exalté, réclamant rien de moins que l'extermination du peuple allemand !

Aussi, en juin 1940, Chardonne s'attendait-il, dans sa tendance naturelle à l'exagération, à d'immédiates et terribles représailles. La fameuse « correction » des troupes allemandes fut pour lui, comme pour d'autres, un immense soulagement. Non seulement la France n'a pas été traitée aussi durement que la Pologne — ce qui est exact —, non seulement les occupants

1. J. Chardonne, *Lettres à Roger Nimier*, Paris, Grasset, 1954, p. 29.
2. J. Chardonne, *Chronique privée*, Paris, Stock, 1940, p. 227.

n'ont pas mis sa ville natale de Barbezieux à feu et à sang, mais, au lieu des robots attendus. Chardonne a vu en eux des êtres humains et intelligents, tous différents les uns des autres ! « J'ai été trompé. Tout ce que j'ai lu sur les Allemands était faux », confie-t-il le 5 juillet 1940 à son ami Henri Fauconnier [1].

En octobre 1940, rentré de sa Charente où il s'était réfugié pendant l'exode, Chardonne reprend possession des locaux de la maison Stock qu'il imaginait à tort sous la férule d'un administrateur allemand. Il se rend à l'Institut allemand, nouvellement ouvert dans un hôtel particulier de la rue Saint-Dominique, où siège Karl Epting. On l'assure qu'il peut continuer à publier des auteurs anglais. « Nous ne faisons pas la guerre au peuple anglais, ni à la littérature anglaise », lui explique l'adjoint d'Epting, Karl Heinz Bremer (qui est du voyage de Weimar [2]). Chardonne est conforté dans ses analyses par ses amis Pierre Drieu La Rochelle, Paul Morand et Alfred Fabre-Luce, qu'il tient pour « les

1. Lettre à Henri Fauconnier du 2 juillet 1940 (inédite). Ami d'enfance de Chardonne, Henri Fauconnier a reçu le prix Goncourt en 1930 pour son livre *Malaisie*. Dans ses réponses aux lettres de Chardonne, il combattra toujours, souvent par l'ironie, les sentiments pro-allemands de son ami.
2. Lettre à Henri Fauconnier du 18 juillet 1944.

meilleures têtes politiques de France. Les seules peut-être [1] ».

C'en est trop : conquis par tant de libéralité, de magnanimité, Chardonne, ce grand nerveux si impressionnable sous son déguisement de flegmatique à nœud papillon, épouse la cause du vainqueur avec le zèle du nouveau converti. La victoire allemande étant sans réplique, la sagesse consiste à l'accepter. Dans le premier numéro de la nouvelle *NRF*, en décembre 1940, il signe un texte intitulé « L'été à la Maurie ». On y voit un vigneron charentais, ancien combattant de Verdun, faire goûter son meilleur cognac à un colonel allemand : « J'aimerais mieux vous avoir invité, dit le Français à l'Allemand... Mais je ne peux rien changer à ce qui est. Appréciez mon cognac, je vous l'offre de bon cœur. »

Un texte « abject de faiblesse et de lèche », jugera Paulhan. Quand en mars 1941, après une période de flottements, André Gide lira le volume intitulé *Chronique privée de l'an 40* où cet extrait figure, il télégraphiera à Drieu qu'il se désengage de la *NRF*, dont il est le cofondateur.

Le livre est parsemé, en outre, d'aphorismes mortifiants, d'inspiration pétainiste :

1. Lettre à Henri Fauconnier du 27 mai 1944.

« Le Français à qui la défaite n'a rien appris est vraiment un vaincu. »

« De temps en temps, il faut retrouver le sens des mots et le goût des choses. Ce sont les temps de disette. »

Ou encore :

« Quand on est vaincu par la force, il ne faut pas dénigrer cette force, ni se plaindre. On n'a plus rien à dire. C'est au vainqueur à se poser des questions sur la justice. »

Ce vainqueur, « qui doit se poser des questions sur la justice », est Adolf Hitler.

En ce mois d'octobre 1941 où il voyage en Allemagne, Chardonne publie déjà un nouveau livre intitulé *Voir la figure*, riposte aux critiques de Gide à son encontre publiées en avril dans *Le Figaro*. Il y exhorte les Français qui ne savent discerner la « figure » du monde qui vient, à prendre leur place dans l'Europe nouvelle.

Il faudrait dire, bien sûr, ce que cette religion du fait accompli doit, chez un homme comme Chardonne, à la déformation professionnelle du romancier-moraliste. Depuis son empyrée, toutes les opinions semblent des préjugés également arbitraires, les comportements humains des agitations absurdes. Lui, au contraire, se place du côté du fait. Au-dessus d'une humanité de pantins avançant dans les ténèbres, l'écrivain seul « voit la figure ». En maximes souveraines, il énonce les lois du monde tel qu'il est. Sans avoir de comptes à rendre, ni s'exposer jamais à la sanction du réel. (« Mauvaise école que celle de romancier ou de moraliste, reconnaîtra un jour Chardonne ; on est accoutumé à dire n'importe quoi : cela n'a aucune conséquence. »)

Il faudrait dire surtout, au-delà des convictions pacifistes de Chardonne et de l'orgueil de son propre jugement, ce que ce désir d'expiation collective recouvre chez lui de malaise vis-à-vis du monde moderne. Ce conservateur, sourd aux sirènes du progrès, s'identifie au monde des industries de luxe du Sud-Ouest où il est né, à une société traditionnelle qu'il compare à un produit d'alambic lentement mûri dans les chais. Il en retire un goût du travail bien fait et une vision du monde d'inspiration protestante, selon laquelle chacun est à peu près à sa juste place. De cette « morale des maîtres », il a fait l'éloge dans la grande fresque des *Destinées sentimentales*, puis dans un court chef-d'œuvre, *Le Bonheur de Barbezieux*, description sans mièvrerie d'une enfance charentaise, en même temps qu'hymne à une classe sociale décriée. A Barbezieux autour de 1900, sous le règne de notables éclairés — et mis à part les maux éternels dont souffre l'homme —, « tout le monde était heureux autant qu'il est possible sur terre. » (Ce qui n'empêche pas que passent sur ce bonheur des reflets étrangement dramatiques.)

En 1940, Chardonne a eu la « révélation » que la société bourgeoise, intègre, libérale, forte, ascétique, artisanale, qu'il avait décrite sous le nom de Barbezieux, était menacée de disparition par les trusts, les radicaux et autres conséquences néfastes de la Révolution française... En fait, sa détestation du monde moderne semble venir de plus loin, notamment des grèves qui ont affecté la fabrique de porcelaine familiale à Limoges, et du traumatisme du Front populaire, cette mini-révolution pour laquelle, malgré son ancienne amitié avec Léon Blum, il n'a éprouvé que répulsion. De ce point de vue, ce notable des lettres, devenu patron d'une maison d'édition, ne se distingue pas d'une grande partie de la bourgeoisie française dont il est issu, pour qui Hitler était encore préférable au Front populaire.

La défaite a jeté Chardonne dans une profonde désaffection, une froideur glaciale vis-à-vis de ses compatriotes — trait de caractère horrible que subissent tous ceux qu'il aime et qui l'ont déçu, à commencer par sa famille, et dont il a doté certains de ses personnages. Du reste, c'est sans doute à un malaise plus intime que, à l'approche de sa soixantième année, il cherche une issue dans cet engagement politique tardif. Dès 1931, son ami Marcel Arland relevait dans ses écrits « je ne sais quelle amertume, sans gestes ni cris, qui émeut plus sûrement encore quand elle accompagne (...) la peinture du bonheur ». Du bonheur ? Etudes cauchemardesques, premier mariage raté, frictions de la vie conjugale, angoisse du créateur alimentent de longue date, chez lui, sa difficulté d'être — sa *Weltschmerz*, comme diraient les Allemands. Tout se passe comme si cet écrivain qui, a-t-on pu écrire, est moins le « romancier du couple » que celui des destins enfermés, le poète en prose d'une réclusion, avait accueilli l'invasion de la France comme une délivrance, un appel d'air, la fin d'une insupportable claustration [1]. Hier, il cherchait un remède à sa sensation d'étouffement dans le paradis perdu de Barbezieux. A présent, c'est en Allemagne que l'herbe paraît plus verte, l'air plus salubre, les choses plus à leur vraie place.

Tout ce que Chardonne découvre à présent de l'autre côté du Rhin, en ces journées d'automne 1941, le confirme dans le bien-fondé de son coup de foudre. La névrose allemande de l'ordre,

1. Voir François Sureau, préface à la *Correspondance Chardonne-Paulhan*, édition présentée et annotée par Caroline Hoctan, Paris, Stock, 1999, p. 17.

dans sa version IIIe Reich, comble cet homme à qui « une certaine foi dans l'ordre des choses tenait lieu de foi tout court » (Paul Morand), mais « secrètement extrême » (Jacques Delamain). Bourgmestres virils, apparatchiks cultivés, fêtes des moissons et culte des grands écrivains... Les abstractions décrites dans *Voir la figure*, ce national-socialisme aristocratique, sans persécutions ni pogroms, ni camps de concentration, semblent prendre vie sous ses yeux. La société allemande, constate-t-il — pas si éloignée de la communauté idéale de paysans-seigneurs de Barbezieux —, est « constructive parce qu'elle sait à la fois commander et obéir, et qu'elle est orientée et travaille pour un idéal commun [1] ». Tout le contraire de la France où le fonctionnaire récrimine et où l'ouvrier se goberge ! Le national-socialisme, rejetant le capitalisme (dont Chardonne pourtant a chanté les louanges !), comme le communisme (pour lequel il marqua vers 1932 quelque complaisance), lui paraît avoir opéré en quelques années une régénération spirituelle du peuple allemand. Un véritable prodige. Mais l'Allemagne n'est-elle pas la terre des esprits et des sortilèges, le pays

1. « L'Allemagne vue par des écrivains français », *Paris-Soir* du 7 novembre 1941.

démonique par excellence, selon l'expression de Goethe ? Chardonne aime ce grand peuple sceptique et pessimiste, comme lui. « Cette société a du style en ses moindres expressions ; elle dégage une atmosphère élevée », écrira ce grand styliste dans *Le Ciel de Nieflheim*, le livre où il condensera ses impressions d'Allemagne. On y trouve quelques perles sur « la nature très sensible de l'Allemand », qui « a du goût pour l'armée, mais n'aime pas la guerre », sur l'Europe sous la botte allemande, « composé délicat de l'hégémonie et de la fédération ». Et ce raccourci qui laisse pantois : « Le national-socialisme délivre l'homme [1]. »

Voilà donc Adolf Hitler investi par Chardonne d'une improbable mission : sauver Barbezieux, préserver la haute civilisation charentaise de l'uniformité, la mécanique et la mort ! Mais cette adhésion de Chardonne et de ses compagnons aux démons du national-socialisme ne s'explique pas seulement par une vision tronquée, idyllique, de l'Allemagne hitlérienne, par la hantise du communisme ou par la certitude de la victoire des armes allemandes. Encore moins par la seule rencontre de quelques « bons » Alle-

---

1. J. Chardonne, *Le Ciel de Nieflheim, op. cit.*, p. 16, 29, 30, 61 et 91.

mands, placés aux endroits stratégiques. Elle suppose un préalable idéologique, passé sous silence dans toutes les relations du voyage, mais sans lequel leur admiration pour l'Allemagne, plus marquée à chaque station de leur périple, n'est pas entièrement compréhensible : l'antisémitisme.

Jacques Chardonne dira toujours avoir été ardemment dreyfusard dans ses jeunes années — moins par enthousiasme pour Dreyfus que par hostilité à l'état-major et à son bellicisme. A vrai dire, la « question juive » semble avoir été des plus indifférentes à ce grand bourgeois provincial. Pourtant, depuis la défaite, tout se passe comme si sa passion brutale pour l'Allemagne se teintait subrepticement de reflets d'antisémitisme. Aucune diatribe ; mais ici ou là, dans sa correspondance ou dans *Le Ciel de Nieflheim*, une incidente sur le rôle néfaste des Juifs, une brève imprécation qui confirme, n'en déplaise aux gardiens du temple chardonnien, ce que Gerhard Heller dit dans ses Mémoires des « sentiments antijuifs » de Chardonne.

Quant à Ramon Fernandez, il a fait preuve, au mois de mars 1941, d'une louable liberté d'esprit en signant, dans la *NRF*, un éloge funèbre de Bergson. Cet article répondait à une diatribe publiée un peu plus tôt dans le journal de son

relents du Guéret du temps de l'affaire Dreyfus ?
Les admirateurs de Jouhandeau aiment à souligner que cette phobie n'est guère compréhensible, si on ne la rapproche de la hantise de la
dénaturation par un maléfice extérieur, théma-
tique qui affleure ici ou là dans l'œuvre jouhandélienne. Peut-être. Mais la phrase sur Léon
Blum coupée par *L'Action française* dit bien ce
qu'elle veut dire : avant tout, c'est l'« affront »
qu'a constitué à ses yeux le Front populaire,
perçu comme une « victoire juive », qui cris-
tallise sa haine. Des Français juifs jouant un
rôle de premier plan et, qui plus est, incarnant
la gauche au pouvoir, voilà qui, pour le Creu-
sois Jouhandeau, est tout bonnement insupportable !

Après la guerre, Jouhandeau tentera de mini-
miser sa faute en l'imputant à un mouvement
d'humeur. Il affirmera avoir rayé l'opuscule de la
liste de ses œuvres en 1939, dès qu'il a « su les
Juifs persécutés » (ne l'étaient-ils pas avant ?).
Mais, en dépit de ses dénégations ultérieures, le
voyage de Jouhandeau en Allemagne est bien
« une suite à ses réflexions sur la question juive ».
Cela ressort clairement des notes prises sur le vif
en Allemagne. C'est l'« affront » de 1936, y
explique Jouhandeau, qui le conduit le plus logi-
quement à accomplir ce voyage. Tout, plutôt

qu'une « victoire juive », qu'une « domination juive » à quoi mènerait la défaite de l'Allemagne ! En promulgant un statut des Juifs au mois d'octobre 1940, encore aggravé en juin 1941, le régime de Vichy a réalisé son vœu d'un statut discriminatoire. Mais cela, visiblement, ne lui suffit pas. Grâce à l'Allemagne, espère-t-il maintenant, le sort des Juifs va être « négativement réglé » en Europe, en attendant une « solution plus universelle ». Atroce phraséologie, que Jouhandeau semble reprendre mot pour mot des discours officiels nazis, voilant à peine, sous son allure administrative, l'horreur annoncée de la « Solution finale ».

Mais du discours à la réalité il y a souvent un pas, y compris chez les antisémites. C'est ce qui va se vérifier une fois de plus quand, le jeudi 16 octobre, à Munich, l'auteur de *De l'Abjection*, va être directement confronté à l'une des manifestations concrètes de son idéologie raciste.

Ce jour-là, de bon matin, avant de quitter Munich, Jouhandeau, comme un touriste, se met à la recherche de l'église des Théatins. C'est alors qu'il croise un étrange passant. Tout de serge noire vêtu, coiffé d'un petit chapeau, l'homme, avec sa moustache, lui fait penser à un sacristain. Pourtant il n'est pas catholique : cousue sur sa poitrine, il porte une étoile jaune de dix centimètres de diamètre, au milieu de laquelle on lit en lettres capitales bleues le mot *Jude*.

C'est la première fois depuis qu'il voyage en Allemagne que Jouhandeau dit remarquer cette affreuse rouelle, ressurgie du pire Moyen Age. Pas encore en vigueur en France, elle a été imposée aux Juifs allemands, après ceux de Pologne, le 1er septembre 1941. A ce spectacle, *nouveau pour lui*, Jouhandeau ressent une sorte de stupeur affolée. L'homme à l'étoile jaune lui apparaît comme un « supplicié » et toute la scène comme un « drame ». L'écrivain français, cherchant à lui exprimer sa sympathie, suivra même le malheureux quelques minutes dans la rue, sans trop savoir ce qu'il fait, avant de rebrousser chemin, de peur de l'inquiéter.

Cet élan de compassion, fort inattendu, semble avoir été bien réel : Jouhandeau l'a en tout cas consigné dans la première rédaction du carnet de voyage tenu durant son équipée allemande [1]. Que s'est-il passé pour que son cœur d'antisémite ait été touché ? Le raciste de plume qu'il était s'est trouvé confronté à la réalité concrète de la discrimination raciale. Pour para-

1. Sur cette rencontre, voir le *Journal sous l'Occupation, op. cit.*, mais aussi les *Souvenirs d'Allemagne* et le *Carnet de voyage* de Jouhandeau (*cf.* plus loin chap. 8)

phraser l'historien Joachim Fest, sous ses yeux, dans cette rue de Munich, au « fantasme de l'ennemi universel, poursuivant ses machinations de Moscou jusqu'à Wall Street », s'est brusquement substitué l'un de « ces êtres anxieux, persécutés, affublés de l'étoile jaune, qui errèrent un temps dans les rues des villes allemandes avant de disparaître pour toujours [1]. »

Peut-être la compassion du chrétien Jouhandeau a-t-elle été d'autant plus vive que l'homme ressemble à un sacristain, ou à un christ supplicié, et Jouhandeau, qui se croit en butte à toutes sortes d'offenses, s'identifie volontiers aux figures de parias, de martyrs. Cependant — deuxième contradiction —, son émotion momentanée ne l'amènera nullement à faire un retour sur lui-même, ni à regarder d'un autre œil l'Allemagne nationale-socialiste. Cette compassion restera sans lendemain, moins active que celle du héros du *Voyage d'Hiver* de Schubert pour le vielleux pathétique rencontré sur sa route glaciale. Dans les mois qui suivront, comme ses écrits ne le montreront que trop, Jouhandeau ne déviera pas d'un iota de son antisémitisme forcené. La rencontre de l'homme à l'étoile n'aura donné lieu

1. Joachim Fest, *Les Maîtres du IIIe Reich*, Paris, Grasset, 1965, p. 123.

qu'à une effusion provisoire, une page de journal intime, un développement littéraire prouvant la beauté de son âme !

Moins odieusement égoïstes, plus perspicaces, peut-être les écrivains français auraient-ils pu soupçonner que le nouvel ordre européen qui s'édifie sans les Juifs s'édifiera aussi sans eux, que l'amitié franco-allemande dont on les grise est celle du loup et de l'agneau, que le vainqueur n'a nulle intention de se mettre à l'école d'un vaincu « dégénéré » ?

Après douze jours de vie commune, leurs accompagnateurs germaniques se permettent désormais à leur égard des privautés où s'exprime le fond de leur pensée.

C'est ainsi que, peu avant de quitter Munich, à 8 heures du matin, quelques instants après la rencontre de l'homme à l'étoile jaune, Chardonne et Jouhandeau déambulent bras dessus, bras dessous, devant leur hôtel. Les deux écrivains forment sans doute un tableau pittoresque ainsi accollés, douillettement vêtus, Chardonne porteur de son sac à main, Jouhandeau avec son manteau de berger tyrolien, un pan relevé sur l'épaule.

A ce spectacle, Gerhard Heller et son ami du ministère de la Propagande, Carl Rothe, éclatent d'un rire nietzschéen :

— Voici, s'exclament-ils, que viennent vers nous les deux derniers spécimens de la vieille Europe !

4

« Aplatis comme du papier »

Depuis l'Anschluss et l'entrée des troupes allemandes en mars 1938, sous les vivats d'une large
partie de sa population, l'Autriche, déjà amputée
de son empire par les traités de Saint-Germain et
de Trianon, n'est plus qu'une province de l'Allemagne. Même s'il en fait l'éloge dans ses discours,
Hitler hait Vienne et projette de faire de la ville de
Linz le centre de gravité de l'*Ostmark* (la « Marche
de l'Est », le nouveau nom de l'Autriche). Toutefois, l'ex-capitale cosmopolite des Habsbourg,
cette dépouille glorieuse, est toujours bonne à être
exhibée aux visiteurs européens.

Venant de Salzbourg, où ils ont assisté à une
représentation des *Noces de Figaro*, les voyageurs arrivent à Vienne le vendredi 17 octobre,
un peu fatigués par deux semaines de voyage. Ils
sont logés au Grand Hôtel, dont les fenêtres don-
nent sur le Ring, le célèbre boulevard datant de

la fin du siècle précédent. Chardonne se sent si à son aise dans le luxe de cet établissement qu'il y rêve à la fin prochaine du monde...

Le nez en l'air, les trois Français arpentent en touristes insouciants les rues de la capitale culturelle de la *Mitteleuropa* qu'ont dû fuir pour toujours, chassés par la montée du nazisme et l'Anschluss, parmi beaucoup d'autres, Hermann Broch, Franz Werfel, Joseph Roth ou Robert Musil, témoins de la gloire et de l'agonie d'une civilisation. Peut-être, au 19 de la Berggasse, leur a-t-on montré l'immeuble bourgeois de style éclectique où se trouvait le cabinet encombré de statuettes de Sigmund Freud, que le fondateur de la psychanalyse, octogénaire et malade, a quitté de justesse après l'Anschluss grâce à la pression internationale, pour s'exiler à Londres où il est mort en 1939. Comme quelques jours plus tôt, à Salzbourg, ils sont peut-être passé devant l'ancien domicile d'une autre gloire de l'Autriche, l'écrivain Stefan Zweig.

Il se trouve que Chardonne connaît bien Zweig : il était son éditeur en France, et le voyait régulièrement lors de ses passages à Paris. Mais, en octobre 1940, la promulgation de la « liste Otto » a rayé, en même temps qu'un millier d'autres titres, *La Confusion des sentiments* et *Amok*, du catalogue de la maison Stock. Pour autant, Jacques Chardonne ne semble guère avoir été ému par le drame de l'écrivain autrichien contraint à l'exil, brisé par la nostalgie et l'angoisse. Pour toute épitaphe, il écrira quelques années plus tard sur son « ami » Zweig, que le désespoir poussera au suicide en compagnie de sa femme Lotte, quelques pages méprisantes, où perce une certaine envie pour son succès [1].

Le soir même de leur arrivée à Vienne, un souper est offert en l'honneur des écrivains européens. L'*Oberbürgermeister* de la ville prononce un discours de bienvenue.

L'un des Français, dans son remerciement, use de la formule : « Après notre défaite »...

L'édile viennois l'interrompt :

— Ne dites pas votre défaite. Dites : la tragédie...

Un peu plus tard, le même personnage aura cette saillie, que les Français jugeront à la fois inquiétante et sublime :

— N'importe quel fanatique est plus près de la vérité que le tiède.

Au cours de cette première soirée viennoise se déroule un incident encore plus glaçant. Après le

1. J. Chardonne, *Matinales*, Paris, Albin Michel, 1956, p. 114 à 118.

souper, afin de divertir les écrivains, on les entraîne — Vienne sera toujours Vienne ! — dans une boîte de nuit, un de ces cabarets typiques ouverts tard après minuit, où l'on boit du vin, où l'on reprend les refrains en chœur, et où souvent un soldat permissionnaire se met au piano. Dans celui où l'on conduit les voyageurs se produit une chanteuse hongroise du nom de Marietta. Reine viennoise de l'accordéon, cette jolie brune chante en s'accompagnant d'un instrument au clavier démesuré.

En l'honneur des spectateurs venus de France, la belle Hongroise leur propose de composer le programme de son tour de chant. Sans doute optent-ils pour des airs de France ou d'Amérique. Alors que Marietta s'exécute, un policier en civil (« peut-être mal informé sur les raisons de notre voyage et de notre présence », précisera candidement Jouhandeau) fait appeler la chanteuse dans le bar et lui montre sa carte, menaçant :

— En Allemagne, on ne chante qu'en allemand !

Jacques Chardonne, qui a tout entendu, revient bouleversé vers ses compagnons de voyage :

— Maintenant, dit-il, j'ai compris ce que c'est que...

Il n'achève pas. Quand il sort dans la rue, il crie : « Vive la liberté ! »

76

Sur le trottoir, les témoins de la scène, surtout les Allemands, auraient applaudi ce mouvement de révolte sans suite de l'écrivain français.

Le lendemain, samedi 18 octobre, est consacré à une visite des environs de Vienne. Le circuit commence par Baden, station thermale où Beethoven venait prendre les eaux dans l'espoir de soigner sa surdité. Avec ses monuments baroques ou modernes, l'endroit ne plaît guère à Jouhandeau. Embarqués dans un cortège de voitures, les écrivains européens contemplent les champs de bataille napoléoniens. Au sommet du Kahlenberg, le Finlandais Arvi Kivimaa se penche sur l'épaule de Jouhandeau :

— Un battement de cœur a parfois plus de prix qu'une migration de peuples, lui glisse-t-il. Certains hommes ont le don d'être tour à tour si émus et si émouvants qu'ils empêchent qu'on s'abandonne autour d'eux à trop de facilité. Vous êtes bien nécessaire ici, monsieur Jouhandeau [1].

L'écrivain français rougit de ce compliment.

Voilà qui le rassérène un peu, alors que, refroidi par les derniers incidents et plongé en pleine confusion des sentiments, il est effleuré par le désir de rentrer en France au plus vite.

---

1. M. Jouhandeau, *Journal sous l'Occupation*, *op. cit.*, p. 113.

En vérité, Marcel Jouhandeau est anxieux.

Quelque temps auparavant, l'incorrigible « amateur d'imprudence » s'est jeté à l'eau. Il a remis au Sonderführer Gerhard Heller le carnet qu'il tient depuis le départ de Paris. Rien n'y est caché du trouble que lui inspire l'officier allemand. Dévoré de tourments délicieux dans l'attente de la réaction de son idole, Jouhandeau, pour un peu, se verrait perdu par cet aveu, si imprudemment couché sur le papier ! « Que mes notes s'égarent, qu'elles tombent entre les mains de n'importe qui, et nous voilà damnés ensemble », s'inquiète-t-il. A moins que Heller ne le trahisse. « Il aurait le droit de meurtrir mon front de son talon ; de me dénoncer à la police ou au mépris public, et tout le monde applaudirait. »

Lors d'une des haltes de l'excursion, Heller, certainement plus embarrassé qu'autre chose par le trop grand succès de ses manœuvres de séduction, prend Jouhandeau à part :

— J'ai lu les *Carnets*.

— Et ce que vous savez maintenant vous éloigne-t-il ? demande Jouhandeau, tremblant.

— Non, je veux même répondre à ce sentiment, aurait répondu l'officier allemand [1].

Jouhandeau ne touche plus terre. Il peut

1. M. Jouhandeau, *Le Voyage secret*, *op. cit.*, p. 55 à 57.

78

maintenant croire sa passion partagée, couronnée bientôt des plus tendres récompenses.

Cela ne l'empêche pas, toutefois, d'apprécier encore et toujours la compagnie de Hans Baumann, le jeune poète en uniforme, qu'il appelle son « bon ange ». Quand Heller n'est pas là pour faire la traduction, les deux hommes, faute de se comprendre, se chérissent comme deux muets : regards exaltés, serrements de mains, sous le regard un peu scandalisé de certains de leurs compagnons de voyage.

Dans la matinée du 19 octobre, en l'absence de Heller qui se repose, Jouhandeau et Baumann visitent ensemble le célèbre musée d'Art et d'Histoire de Vienne. L'écrivain français et le jeune poète nazi s'attardent dans les départements des sculptures grecques et chrétiennes. A la fin de la visite, Hans Baumann offre à Jouhandeau une carte postale reproduisant l'une des œuvres du musée : le *Jeune homme à la lampe*, tableau de Lorenzo Lotto datant 1506. Si le béret et le pourpoint sont typiques du *cinquecento*, le personnage peint par Lotto ressemble trait pour trait, avec son nez allongé et son regard pénétrant, à Gerhard Heller [1]...

Le soir doit avoir lieu un dîner de gala au

---

1. M. Jouhandeau, *Le Voyage secret, op. cit.*, p. 59-60.

Palais impérial, la Hofburg, en l'honneur des écrivains étrangers. De tous ses lustres, ses colonnes de porphyre, ses architraves d'or, l'auguste palais des Habsbourg, sans cesse embelli depuis le Moyen Age, étourdit les invités. Il y a là, mêlés à des dignitaires de Vienne en vareuse jaune, des écrivains représentants sept pays européens, Français compris. En simples vestons, ils n'ont pas grande allure dans la solennelle salle royale. On s'assoit autour d'une vingtaine de tables rondes, à la lueur des bougies rouges qui éclairent des bouquets de feuillages d'automne et une splendide vaisselle ancienne.

Gerhard Heller a fait en sorte que Jouhandeau soit placé à la table d'honneur, celle du Trimalcion qui offre ce somptueux dîner de gala. Malgré ses trente-quatre ans, Baldur von Schirach est l'un des principaux dignitaires du IIIᵉ Reich. Un an auparavant, ce gros garçon au regard dur a quitté ses fonctions de chef de la jeunesse allemande (*Reichsjugendführer*) où ses talents d'organisateur et de propagandiste faisaient merveille. A grand renfort de feux de camp, de défilés et de rites néo-païens, von Schirach régnait sur des millions de jeunes esprits endoctrinés. Il n'avait pas son pareil pour leur insuffler le culte du sang, de la race et du Führer. Il a ainsi préparé toute une jeunesse pour les combats de la Seconde Guerre mondiale. Après avoir participé à la campagne de France dans un régiment d'infanterie motorisée, il a été nommé *Gauleiter* et *Reichsstatthalter* (gouverneur) à Vienne en août 1940. A vrai dire, alors que la guerre bat son plein, cette nomination dans ce qui n'est plus que le coin sud-est du Reich ne peut être perçue comme une promotion. Les intrigues de Martin Bormann, l'influent secrétaire de Hitler, ne seraient pas étrangères à ce début de disgrâce. A Berlin, on répand des bruits sur la personnalité efféminée de Baldur von Schirach, on se gausse de sa chambre de jeune fille aux murs blancs...

Ce soir, à la rouge lueur des bougies, le jeune Gauleiter de Vienne, élégamment sanglé dans son uniforme, va faire la facile conquête de ses hôtes. Polyglotte, il s'adresse à chacun dans sa langue. En un français aisé, il questionne Jouhandeau, assis en face de lui, sur le voyage qu'il vient d'effectuer. Il demande à l'auteur de *Chaminadour* si ses livres sont traduits en anglais. Il ajoute, comble de la flatterie, qu'il n'est pas besoin qu'on les ait traduits en allemand pour qu'on les connaisse à Vienne ! D'ailleurs, lui aussi, est poète : il a composé des poèmes à la gloire des jeunes martyrs tombés

81

pour le national-socialisme, des odes où il s'adresse, extatique, à son Führer :

J'étais une feuille dans l'espace sans limites
Maintenant tu es pour moi le sol natal, tu es mon
[arbre.

Jouhandeau est transporté. Il croit lire dans le dur regard bleu de Baldur von Schirach une sympathie débordante pour sa personne. Ce jeune barbare installé par ces temps de catastrophe sous les lambris des Habsbourg lui apparaît comme un nouveau prince de la Renaissance.

Soudain, l'électricité s'éteint, ne laissant subsister pour tout éclairage que la lueur des bougies. Dans la pénombre, monte un choral de Bach murmuré par des voix juvéniles, que Jouhandeau imagine être celles de jeunes guerriers. Puis une formation de chambre attaque un quintette.

Assis entre ses chers Hans Baumann et Gerhard Heller, Jouhandeau, à demi retourné sur sa chaise pour voir les musiciens, ne quitte pas des yeux le Sonderführer. L'auteur de *Prudence Hautechaume* vit ce moment comme une apothéose, à la fois officielle et intime. Vanité flattée, sens en émoi, la tête lui tourne. Les yeux clos, il se laisse emporter par les sublimes arpèges, dans un tournoiement douloureux de marbres et de porphyres. Dans sa nuit intérieure, il emmène le profil pur de « Gérard », ses mains trop fines pour son grand corps, afin de dévorer à loisir les lambeaux de cette proie divine.

« A la fin, écrira-t-il, le contour seul de nos deux visages m'était sensible, que les ondulations de la musique à l'infini rapprochaient, nous enfermant peu à peu dans le cerne cuivré d'une médaille de bronze, au revers de laquelle nos corps se montraient nus, en relief, dans des attitudes hiératiques [1]. »

Le lendemain de cette soirée inoubliable pour les écrivains, assez banale pour Baldur von Schirach, qui s'est éclipsé plutôt cavalièrement après le concert sans même attendre les discours, est consacré à des visites culturelles, notamment à la Bibliothèque nationale. Les voyageurs ont aussi visité la maison de Schubert.

Le soir, vient le moment de quitter Vienne, en sleeping. Jouhandeau, qui a trop bu pour guérir le torticolis gagné à la Hofburg en faisant virer sa chaise pendant le concert, est malade. Au-dessus de lui, sur sa couchette, Chardonne, qui

---

1. M. Jouhandeau, *Le Voyage secret, op. cit.*, p. 63.

se balance au rythme du tangage du train, lui semble une sorte de Socrate parmi les nuées. Chardonne prend soin du malheureux Jouhandeau, comme d'un enfant, le déshabille et le couche. Ce qui n'empêchera pas ce dernier de dire son dégoût devant la tenue de nuit de l'écrivain charentais (« Une horreur ! Songez qu'il ne porte pas de pyjama, il dort avec sa chemise de jour. Ce spectacle ! Ces pans... Il avait l'air si misérable ! Et repoussant. »). Tandis que Chardonne, pour avoir vu Jouhandeau nu, le traitera d'« écrevisse poilue [1] ». Petites promiscuités de la vie de voyageur, petites mesquineries d'hommes de lettres.

Cependant, la passion de Jouhandeau pour Heller l'absorbe plus que jamais. En public, il a beau garder, face à son idole, une indifférence de façade, son trouble le trahit. Il s'aperçoit bientôt que leur compagnon de voyage, Ramon Fernandez, a percé son secret. Celui-ci, constate-t-il, « se promène en ricanant et en jouant de la mandoline au pied de la tour où sont enfermés les amants ». Le critique de la *Nouvelle Revue française* a remarqué que Jouhandeau conserve les cigares qu'on lui a offerts pour les donner

---

1. Matthieu Galey, *Journal 1953-1973*, p. 167 et 169.

en cadeau à Heller. Il est même allé jusqu'à en voler [1]...

De son côté, Chardonne, intrigué, demande à Jouhandeau ce qu'il peut bien écrire sans cesse dans son carnet, de sa fine écriture tantôt droite, tantôt penchée. « On croit peut-être que je n'ai pas de vie privée ! » s'agace Jouhandeau. Les stations de sa passion, qu'il consigne en minutieux notaire de sa vie, ne le rendent pas sourd pour autant aux propos rassurants dont le bombardent ses interlocuteurs allemands. Ainsi Carl Rothe, du ministère de la Propagande, qui déclare :

— L'Allemagne a été mise par les événements en présence de civilisations différentes. Le désir que nous avons, quelques-uns, d'un rapprochement avec la France, est dû autant à un choix de l'esprit qu'à une élection du cœur. C'est un mouvement d'estime et de sympathie qui nous pousse à rechercher aujourd'hui votre amitié.

Sous les rigueurs de la dictature, les Allemands, croit comprendre Jouhandeau, restent plus libres que nous ! Il en veut pour preuve leur réserve vis-à-vis de leurs propres dirigeants, et les autocritiques qu'ils formulent à tout propos

---

1. M. Jouhandeau, *Le Voyage secret*, *op. cit.*, p. 65.

devant leurs invités français. Ainsi son cher Hans Baumann déclare-t-il à Chardonne :

— Ah ! vous ne savez pas, monsieur, à quel point nous manquons de culture !

Au fond, se dit Jouhandeau, nous assistons à un drame. Le Reich est inquiet pour son avenir. Il cherche à modifier son orientation et compte, pour frayer la voie à une renaissance spirituelle, sur la France, appelée à devenir l'institutrice de l'Europe ! Ce voyage — c'est du moins ce qu'on fait comprendre aux écrivains — n'est rien d'autre que la première manifestation de cette nouvelle orientation.

Les hésitations, les craintes, les réticences que pouvaient avoir Jouhandeau et Chardonne sont désormais dissipées. Grisés d'honneurs, spectateurs d'une Allemagne idyllique, Jouhandeau l'égotiste et Chardonne le chimérique se sentent des individus d'élite, des grands Européens invités en avant-première au banquet de l'Europe nouvelle.

C'est en se livrant à ce genre de spéculations que les écrivains arrivent à Berlin le 21 octobre 1941.

La capitale du Reich, située au cœur d'un empire qui s'étend de l'Atlantique à la Moscovie, est en plein bouleversement. Non pas tant en raison des bombardements anglais que des travaux gigantesques entrepris par Hitler. Le maître de l'Allemagne a décidé de faire jaillir du sol les édifices les plus vastes qui aient été élevés depuis l'Egypte et Babylone. Son architecte personnel, Albert Speer, a été chargé, à partir de 1937, de matérialiser ces rêves. Une avenue triomphale de sept kilomètres, jalonnée par un arc de triomphe deux fois plus haut que celui de la place de l'Etoile, un Grand Dôme haut de 290 mètres coiffant la plus grande salle de réunion du monde, un mémorial du soldat en forme de cube gigantesque, etc., le tout imaginé par Hitler dès 1925, doit doubler l'axe est-ouest traditionnel de la capitale, celui de l'avenue Charlottenburg et d'Unter den Linden. En entrant dans la chancellerie du Reich, a stipulé Hitler, l'on doit avoir le sentiment qu'on pénètre chez le maître du monde.

Afin que tout soit achevé pour l'année 1950, Hitler, malgré la guerre, a refusé d'interrompre le chantier. En attendant, le centre du pouvoir reste la Chancellerie inaugurée en 1939. Bâtie par Speer en style dorique, expression de l'ordre nouveau, c'est un monument de morne mégalomanie. Rare privilège, les écrivains étrangers sont admis à la visiter dès leur arrivée à Berlin.

Après avoir traversé un sévère patio et gravi un perron encadré par deux hiératiques athlètes — le porte-glaive, symbolisant l'armée et le porte-flambeau symbolisant le parti, œuvres du sculpteur Arno Breker —, Chardonne, Jouhandeau et Fernandez arpentent sur plus de deux cent vingt mètres une enfilade de pièces aux énormes proportions. Les hautes portes de bronze, les marbres rouge sang ambitionnent de rappeler l'Antiquité et le style Empire.

Au bout d'une galerie deux fois plus longue que la galerie des Glaces de Versailles, les visiteurs ont le suprême honneur de pénétrer dans le bureau du Führer absent, quatre cents mètres carrés de kitsch glacial, sous un haut plafond à caisson, avec tapisserie et meubles en palissandre, qui ouvre sur un jardin à la française. En sous-sol, un abri antiaérien, le futur « bunker », complète le bâtiment.

On est loin, désormais, du Rhin romantique et des ivresses viennoises. Cela aide peut-être certains hommes de lettres, soudain dégrisés, à prendre conscience de la gravité de leur compromission. Au cours de cette journée, un journaliste scandinave rencontre l'un des participants du voyage, son compatriote :

— Il vous coûtera cher, ce voyage, glisse le journaliste à l'écrivain.

En rentrant, l'écrivain scandinave aborde Chardonne et lui murmure à l'oreille :

— Vous n'en avez pas assez, vous, de ce train de plaisir ? Demain, je prends l'avion et, s'il n'y en n'a pas, je rentre à pied chez moi.

Un peu plus tard, il confie à Jouhandeau qu'il meurt de peur.

Mais il est trop tard pour faire machine arrière. Au programme de la journée du 22 octobre figure une rencontre avec le grand organisateur du voyage, celui qui tire les ficelles de cette équipée : le Dr Goebbels.

Les écrivains européens sont introduits au palais Leopold, situé sur la Wilhelmplatz face à la Chancellerie, qui abrite le ministère de la Propagande. Les voici, intimidés et curieux, en présence de l'homme qui, à grand renfort de liturgies païennes et de manipulations de masse, contribua à faire d'un agitateur de brasserie un démiurge, un rédempteur, un dieu vivant, un Führer. Génie de la propagande, Goebbels sait « jouer de l'âme populaire comme on joue sur un piano », selon sa propre expression. Il se vante même de plier le soleil à ses mises en scène grandioses. En 1933, ce fidèle d'entre les fidèles a été récompensé par Hitler d'un ministère dont les attributions dépassent de beaucoup l'information et la propagande, pour englober tous les domaines de la culture. Radio, presse, cinéma, théâtre, musique, arts plastiques, aucun genre artistique, aucun domaine de la vie culturelle, aucun média de masse n'échappe à son emprise. Maniaque et inspiré, Goebbels anime la « guerre des ondes », fait réaliser des documentaires de propagande d'une efficacité diabolique, supervise lui-même de A à Z les films de fiction allemands, tel *Le Juif Süss*, du réalisateur Veit Harlan, qu'il veut aussi spectaculaires que les productions hollywoodiennes.

Depuis le déclenchement des hostilités, le ministre de l'Education populaire et de la Propagande (*Reichsminister für Volkserklärung und Propaganda*) a vu son domaine s'étendre à la propagande dans les pays occupés. Mais il souffre de n'être pas associé à la conduite de la guerre dont il suit les moindres développements. Il multiplie les articles, les allocutions radiodiffusées, les réceptions de délégations. Ecrivain raté (en 1929, il a commis une fiction autobiographique intitulée *Michael*), il se plaît à expédier tel ou tel écrivain en camp de concentration, à clamer que tel autre (Ernst Jünger) se rapproche de la « zone des balles dans la tête ». Comment ses invités français ne frémissent-ils pas d'effroi de se trouver en présence de l'instigateur de l'autodafé du 10 mai 1933 où furent brûlés, devant l'université de Berlin, les ouvrages de Karl Marx, Sigmund Freud, Heinrich Mann,

Kurt Tucholsky, Odon von Horvath, Elias Canetti, mais aussi André Gide, Marcel Proust, et autres auteurs juifs, communistes ou démocrates ?

Longeant lentement en boitillant le demi-cercle que forment ses hôtes, Goebbels commence par leur demander combien de maisons éventrées ils ont rencontrées sur leur route, combien de mitrailleuses ils ont comptées à la porte de son ministère. Par cette boutade, le Reichminister entend tourner en dérision la propagande britannique qui relate les raids de la Royal Air Force sur l'Allemagne. Les dégâts des bombardiers anglais sont pourtant réels : les voyageurs français ont pu constater les dommages causés à la gare de Mayence, à l'Opéra, à la cathédrale, à la bibliothèque de l'Université et à l'hôtel Eden à Berlin. Ils ont même subi au cours de leur périple deux alertes aériennes.

Goebbels en vient ensuite à l'essentiel :

« L'Allemagne victorieuse, explique-t-il en substance, va se tourner vers les peuples qui voudront collaborer avec elle. Les Américains, au siècle dernier, ont bien créé l'unité de leur continent : pourquoi l'Europe ne suivrait-elle pas cet exemple ? Les Américains peuvent affecter aujourd'hui d'abhorrer le sang versé : c'est avec du sang qu'ils ont cimenté leur unité.

« Mais, qu'on veuille bien songer seulement à ceci : sans l'Allemagne, l'Europe serait bolcheviste. Le bolchevisme y aurait détruit toutes les valeurs culturelles.

« Le moment, continue ıe ministre, est donc venu, pour les nations, de choisir. Pour les intellectuels, il n'y a que trois attitudes : avec l'Allemagne, contre l'Allemagne, ou une neutralité qui est indigne d'un homme. Or, ceux qui seront contre l'Allemagne seront « aplatis comme du papier » [sic].

« Après la victoire allemande, au contraire, chaque nation aura sa place marquée, gardant dans la communauté européenne sa physionomie, sa personnalité intactes. Comment ? Mystère, mais cela sera ! »

Magnanime, Goebbels précise ensuite qu'il ne souhaite pas la fin de l'Empire britannique, puisque l'Allemagne n'aurait presque rien à attendre de ses débris. Etrangement, il admet comme possible la défaite de l'Allemagne. Mais il prophétise :

« Le dynamisme de notre pays est tel qu'il retrouverait sa puissance encore une fois plus tôt ou plus tard. »

Enfin, Goebbels dit se réjouir de ce que ses invités aient pu se déplacer et converser librement dans un pays en guerre, avec la même liberté qu'en temps de paix [1] !

Pas un mot, bien sûr, sur son véritable dessein, ni sur les consignes qu'il a données à ses services : amener les pays vaincus à reconnaître la supériorité du vainqueur, et notamment « stopper l'action civilisatrice de la France et la remplacer par celle de l'Allemagne », comme l'expliquait son envoyé Paul Hoevel lors d'un « briefing » des services de la Propaganda parisienne en mars 1941, en présence de Gerhard Heller [2].

Jouhandeau, Chardonne et Fernandez repartent hypnotisés par ce « preneur de rats », comme l'appellent certains de ses admirateurs [3]. Bien sûr, avec sa grosse tête enfantine aux traits creusés, son mètre cinquante-six et son pied bot, le Dr Goebbels a une allure pour le moins étrange. Jouhandeau a surtout été frappé par ses mains nerveuses, par son regard qui semble passer à travers ses interlocuteurs pour fixer l'avenir. Quant à Ramon Fernandez, il a trouvé au ministre de la Propagande, à cause de ses

1. Le récit le plus détaillé de l'entrevue avec Goebbels se trouve dans : Ramon Fernandez, « A travers l'Allemagne », *La Gerbe* du 6 novembre 1941
2. « Tätigkeitsbericht für die Zeit vom 6 bis 13 marz 1941 », AN, AJ 40 1005.
3. Voir J. Fest, *Les Maîtres du IIIᵉ Reich*, op. cit., p. 120.

yeux clairs, de ses cheveux sombres et de son teint mat, un « air maritime » ! A son retour en France, le critique de la *NRF* expliquera combien « la personnalité des voyageurs littéraires français avait frappé leur hôte ». Il jurera même à Jean Paulhan que Goebbels lui a longuement parlé de son livre, *Les Fleurs de Tarbes*, tout en déplorant que Paulhan ne soit pas « du bon côté [1] » ! En fait, Goebbels n'a guère remarqué les Français. Ce chantre du « romantisme d'acier », à base de grondements de moteurs et de sifflement de bombes, a été plus flatté — son Journal tenu quotidiennement le prouve — par la présence dans la délégation de Svend Fleuron, le vieil écrivain animalier danois, auteur du « Roman d'un brochet » !

Quoi qu'il en soit, le maître de la propagande du Reich est satisfait. Les écrivains étrangers ont retiré les « impressions les plus profondes » de leur tournée à travers l'Allemagne. Cette expérience le conforte dans l'idée que « la meilleure propagande est celle qui se base sur un constat de visu », écrit-il dans le Journal où il consigne pour la postérité les moindres détails de

---

1. « Des Français reviennent d'Allemagne. Ils disent ce qu'ils ont vu », *L'Emancipation nationale* du 5 décembre 1941, et *Correspondance Paulhan-Arland 1936-1945*, « Les cahiers de la NRF », Paris, Gallimard, 2000, p. 263.

ses activités, mais aussi les événements politiques et militaires [1]. C'est ainsi que, le 23 octobre, il y note l'exécution, la veille, dans la région de Nantes, d'une cinquantaine d'otages français en représailles de l'assassinat d'un officier allemand.

A partir de la fin de l'année 1940, les Français avaient en effet vu apparaître sur les murs de leurs villes et dans leurs journaux, à côté de la propagande antianglaise et des proclamations victorieuses, de sinistres placards bilingues encadrés de noir, annonçant les exécutions de compatriotes coupables de menées antiallemandes : ainsi celles de l'ingénieur Jacques Bonsergent, de l'officier Honoré d'Estienne d'Orves, envoyé du général de Gaulle.

Mais c'est précisément pendant la visite d'amitié des écrivains français en Allemagne que la répression, s'ajoutant aux persécutions antisémites et à la traque des premiers résistants, va prendre une ampleur inédite. Depuis l'été, l'attaque allemande sur la Russie, faisant basculer le parti communiste dans la résistance, a en effet enclenché un cycle infernal attentats-exécutions d'otages. Et, en cette journée du 22 octobre, tandis que Marcel Jouhandeau, Jacques Chardonne et Ramon Fernandez buvaient à Berlin les

---

1. Joseph Goebbels, *Tagebücher*, 25-10-1941.

paroles du Dr Goebbels, le syndicaliste Jean-Pierre Timbaud, Guy Môquet, lycéen de dix-sept ans, et leurs camarades, Français ordinaires, mais qui avaient refusé d'abdiquer leur dignité, tombaient pour la France sous les balles nazies dans la carrière de sable de Châteaubriant.

5

Le théâtre d'ombres de Weimar

En ce 23 octobre 1941 mouillé de pluie, Weimar, but de leur voyage, apparaît aux voyageurs français dans son écrin de forêts, telle ou presque que Goethe ou Schiller l'ont connue. Cosmopolite et provinciale à l'image de l'Allemagne — d'un cosmopolitisme en bonnet de nuit, selon l'expression de Thomas Mann —, la petite ville de Thuringe a gardé, du temps où elle était une principauté indépendante, les palais, musée, théâtre et bibliothèque d'une capitale. Des ombres illustres peuplent ses rues tournantes, ses bâtisses jaune poussin, ses places pavées, ses parcs silencieux : celle du peintre Cranach, celle de Jean-Sébastien Bach, qui y composa son *Petit Livre d'orgue*, celle du poète de l'*Aufklärung* Wieland, celles enfin de Franz Liszt et de Friedrich Nietzsche qui y passa les dernières années de son existence.

Mais surtout plane sur la petite cité le souvenir immense de Goethe qui y vécut cinquante-sept ans, auprès du grand-duc Carl-August dont il fut le ministre et l'ami. Véritable ministre de la Culture après avoir été celui des Travaux publics, de la Guerre et des Finances, régnant sur le théâtre, la bibliothèque et l'université d'Iéna, Goethe appela à Weimar le théologien Herder, ainsi que Friedrich Schiller, qui y mourut en 1805. C'est à Weimar qu'il écrivit ses chefs-d'œuvre, *Faust, Wilhelm Meister, Les Affinités électives, Le Divan oriental-occidental*. C'est à Weimar que le « vieux chêne enchanté » (comme le surnommait Heinrich Heine) reçut les hommages de Mme de Staël et de Napoléon, et qu'il mourut en 1832, en souverain littéraire de l'Europe, à l'âge de quatre-vingt-trois ans.

« O Weimar, un destin bien à part t'est échu, petite et grande ainsi qu'en Judée Bethléem », a dit Goethe de ce centre spirituel, dont l'importance dans l'histoire de l'Allemagne est inversement proportionnelle à sa taille. On aurait tort de croire, pourtant, qu'en 1941 la petite cité de Thuringe est restée fidèle à sa vocation. Même si elle a donné son nom à la brève république qui y fut promulguée en 1919, Weimar s'est laissé courtiser par le national-socialisme. Hitler, qui affectionne cette ville suprêmement allemande,

98

y a tenu un grand rassemblement du parti nazi dès 1926. C'est en Thuringe, en 1930, que grâce à un succès électoral les nazis ont pour la première fois décroché un ministère dans un gouvernement régional. En 1932, les partisans de Hitler se sont efforcés de transformer les festivités du centenaire de la mort de Goethe en célébrations nationales-socialistes. La même année, on vit le futur dictateur en smoking assister au théâtre de la ville à la première d'une pièce signée Mussolini. « Entre Hitler et Goethe, il y a des points communs, ironise dans l'une de ses satires l'écrivain antinazi Kurt Tucholsky. Tous deux ont séjourné à Weimar, tous deux sont hommes de lettres et tous deux se sont beaucoup soucié du peuple allemand, ce que les autres peuples nous envient tellement. Tous deux ont eu aussi un succès certain, quand bien même celui de Hitler est de beaucoup supérieur [1]. » Le régime national-socialiste a même gratifié Weimar, auparavant ville-phare de l'architecture moderne, avec le Belge Henry Van de Velde, puis le Bauhaus de Walter Gropius, d'un forum rectiligne dominé par un sinistre beffroi.

Goebbels, lui, a choisi cette ville où souffle l'esprit, de préférence à une grande cité du livre

---

1. Kurt Tucholsky, « Hitler und Goethe, ein Schulaufsatz ».

comme Berlin, pour y tenir sa « Semaine du livre allemand », devenue depuis le déclenchement des hostilités la « Semaine du livre de guerre allemand ». C'est pour lui le moyen d'ancrer le national-socialisme dans l'histoire allemande, de détourner l'esprit du classicisme au profit de sa propagande, de faire d'un foyer d'innovations culturelles un centre de lutte contre l'« art dégénéré ». En ouverture de cette Semaine du livre, Goebbels a instauré en 1938 des « rencontres poétiques » (*Dichtertreffen*), organisées par la division « littérature », de son ministère. Ces rencontres ont pour but, sous prétexte de marquer l'unité sans faille des créateurs et des autorités culturelles du pays, de mieux contrôler la production littéraire. Quoi de plus commode qu'un rassemblement annuel d'écrivains, par nature individualistes, pour leur dicter ce qu'ils doivent écrire [1] ?

La première édition des *Dichtertreffen* a rassemblé, venus de toute la « grande Allemagne », des auteurs *völkisch* et des « poètes du parti », mais aussi des hommes de lettres conservateurs, déjà connus sous la république de Weimar.

---

1. Sur les rencontres de Weimar, voir notamment Jan-Pieter Barbian, *Literaturpolitik im « Dritten Reich »*, *op. cit.*, p. 436 à 450.

Goebbels a même ordonné à l'écrivain Ernst Wiechert, à peine relâché du camp de concentration voisin de Buchenwald, de prendre part à ces rencontres, afin qu'éclate aux yeux de tous la magnanimité des dirigeants du IIIe Reich ! Cela ne suffit pas à masquer les vides béants creusés dans les rangs de la littérature allemande par les départs en exil des Thomas Mann, Heinrich Mann, Klaus Mann, Erich Maria Remarque, Bertolt Brecht, Kurt Tucholsky, Alfred Döblin, auxquels le pouvoir s'efforce de substituer des tâcherons à qui il confère une célébrité artificielle à coup de gros tirages et de prix littéraires.

La nouveauté de l'édition 1941 des *Dichtertreffen* est la participation d'intellectuels étrangers. Afin de discuter de la « littérature dans l'Europe à venir », ils sont donc trente et un à converger de quatorze pays d'Europe vers Weimar, les uns, comme Jouhandeau, Chardonne et Fernandez, au terme d'un voyage à travers l'Allemagne, quelques autres arrivés directement de leur patrie. Pays alliés de l'Allemagne, neutres ou occupés, états satellites, ont chacun fourni leur contingent. Il y a là, au total, deux Italiens, deux Finlandais, deux Roumains, deux Hongrois, trois Belges, une Bulgare, deux Danois, trois Hollandais, un Croate, deux Norvégiens, un Suédois, un Suisse et deux Espagnols. Tous ne sont pas des littérateurs sans valeur. Figurent ainsi dans cette cohorte Veikko Antero Koskenniemi, le poète national finlandais, Felix Timmermans, le « prince des conteurs flamands », ou encore le Suisse allemand John Knittel, dont le roman *Via Mala* a remporté un fulgurant succès international [1].

A voir la cohue des hommes de lettres envahir les rues de la calme cité, on pourrait croire que la littérature n'a jamais connu pareil âge d'or ! « Les muses n'ont pas été réduites au silence en Allemagne pendant la guerre », se félicite le Finlandais Kivimaa. Mais la délégation de loin la plus nombreuse — Gerhard Heller, décidément, a bien travaillé — est celle de la France, avec, finalement, sept représentants.

Outre Jouhandeau, Chardonne et Fernandez, viennent en effet d'arriver en renfort de Paris, le 23 octobre, quatre écrivains de renom : Pierre Drieu La Rochelle, directeur de la *Nouvelle Revue française*, Robert Brasillach, rédacteur en chef de *Je suis partout*, Abel Bonnard, membre de l'Académie française, et André Fraigneau, représentant les éditions Grasset. Certains sont

---

1. L'année suivante (et non en 1941 comme l'écrit par erreur Gerhard Heller dans ses Souvenirs), on y verra même l'écrivain communiste italien Elio Vittorini. Voir E. Vittorini, *Lettere* 1945-1951, Torino, Einaudi, 1977.

logés à l'hôtel *Erb-Prinz*, où avaient dormi Schiller, Napoléon et Liszt ; on assure à Jouhandeau que la chambre qu'il occupe fut jadis celle de Jean-Sébastien Bach.

C'est le 24 octobre qu'est solennellement déclarée ouverte l'édition de 1941 des *Dichtertreffen*. Le déroulement du congrès mime celui d'un colloque savant. Le maître de cérémonie est Wilhelm Haegert, directeur de la division « littérature » du ministère de la Propagande. Après avoir déroulé la litanie des écrivains allemands tombés sur le front de l'Est depuis le mois de juin, il salue un à un, sans chaleur excessive, les auteurs étrangers présents dans la salle. Son discours donne immédiatement le ton. Depuis l'époque des Huns et des Mongols, assène Haegert, la Germanie a été le rempart de l'Europe contre la « menace asiatique ». La pensée européenne a été plantée en terre par Charlemagne, cultivée par le Saint-Empire germanique, régénérée par la Renaissance et l'humanisme. Or, cette pensée « n'est rien d'autre que la conscience unitaire de la race germanique, créatrice de notre culture européenne et apogée de l'humanité » ! On ne sait ce que pensa de cette assertion le professeur de latin Marcel Jouhandeau, présent dans la salle. En tout cas, il n'éleva pas de protestation...

Dans le sillage de ce discours inaugural, l'unique leitmotiv des autres orateurs — tous allemands — sera la croisade contre le communisme. A la tribune, ils vont marteler ce message : à l'est, l'Allemagne combat, et triomphe, au nom de la culture européenne, qui n'est autre — parfait syllogisme — que la culture germanique.

— Deux livres sont aujourd'hui en guerre, affirme le chef de la Chambre de littérature du Reich Hanns Johst, sanglé dans son uniforme : *Le Capital* du « Juif Marx » et *Mein Kampf* d'Adolf Hitler. Quand nous autres Allemands nous pouvons frapper du poing sur un livre où est écrit noir sur blanc ce qu'est notre volonté et notre foi, alors nous sommes dangereux et irrésistibles.

Et Johst de tonitruer :

— Le livre et l'épée contre le poison et le fiel ! L'esprit national et l'exploit surhumain contre la construction internationale ! La victoire va se décider pour l'Allemagne, nous le savons !

Partant de son expérience de combattant à l'est, Hans Baumann brode, lui, des rhapsodies sur le thème des « épreuves du poète ». Le baptême du feu, explique le jeune ami de Jouhandeau à son auditoire, est l'épreuve qui révèle le poète à lui-même : voir ses camarades criblés d'éclats de grenade participe au plus haut point

104

de cette révélation ! Plein d'un aplomb juvénile mais confus et empêtré dans un pseudo-lyrisme chevaleresque, l'éphèbe nazi, du haut de ses vingt-six ans, invoque Dürer, Goethe, Kleist, Hölderlin, un troubadour français et le Führer, décrète les Allemands « gardiens de la lumière », et le poète un « armurier de l'âme ».

Le lendemain, lors d'une conférence au Théâtre national de Weimar, le romancier autrichien Bruno Brehm raconte lui aussi, de manière plus terre à terre, les espaces infinis de la Russie, du point de vue de la *panzerdivision* dont il porte l'uniforme.

— A présent, conclut-il, que le plus grand danger pour l'Europe est conjuré, la paix pourrait s'établir, si ne siégeaient à Londres et New York les provocateurs juifs irresponsables, apatrides, sans feu ni lieu. Il nous est assez pénible de devoir monter à l'assaut, à travers le rempart sanglant des peuples derrière lesquels ils se cachent. Mais puisque les peuples ont fermé leurs oreilles aux demandes et aux avertissements du Führer, nous devons aller jusqu'au bout du chemin.

Déterminant, pour sa part, les tâches futures des littératures européennes, Moritz Jahn fustige sans les nommer Thomas Mann, Bertolt Brecht, Stefan Zweig et autres intellectuels qui ont fui le nazisme.

— Ces gens n'ont jamais parlé à l'Allemagne réelle ; leur influence chez nous ne s'est jamais étendue au-delà du bavardage et de l'agitation.

Aussi leur fuite stupide est-elle au fond complètement indifférente, leurs noms déjà oubliés, tranche le littérateur nazi, qui assigne pour unique sujet à l'écrivain « l'héroïque sous toutes ses formes [1] ».

Entre les séances de « travail » s'intercalent des plages de détente. Malgré les averses de ce mois d'octobre finissant, les écrivains flânent dans les rues aux pavés inégaux, foulent le tapis de feuilles mortes du parc de l'Ilm où se niche la maison de campagne de Goethe, avant de rentrer se réchauffer autour d'un thé. Entre écrivains européens. on fraternise. Drieu La Rochelle, ancien combattant de la Grande Guerre, découvre qu'il s'est trouvé, en 1916, dans le même secteur du front qu'un de ses homologues allemands. Peut-être s'agit-il de Paul Alverdes, romancier et fondateur de la revue conservatrice *Das innere Reich* (« La patrie intérieure »), qui est à moitié aphone depuis qu'une balle française lui a traversé le larynx. Abel Bonnard, lui, a eu la surprise de retrouver une vieille connaissance, en la per-

1. Les discours prononcés à Weimar ont été recueillis en un volume : *Die Dichtung im kommenden Europa, Weimarer Reden 1941*, Hamburg, Hanseatische Verlaganstalt, 1942.

sonne de John Knittel. L'écrivain suisse est aussi athlétique et rouge que l'académicien français est fragile et fin, mais tous deux partagent le goût des horizons lointains. Vrais globe-trotters, ils évoquent ensemble les villes dont ils sont familiers, Bénarès, Tokyo, Rio de Janeiro. Un peu plus tard, Bonnard confiera à André Fraigneau :

— J'aime beaucoup John Knittel, c'est un homme qui porte sur lui l'odeur du monde [1].

L'académicien affectionne ce genre d'images suaves et un peu surprenantes — « boxeurs aux poings de nuages », « jeunesse tissée dans le paysage »...

Brasillach, lui, ne peut se retenir de sourire quand l'un des deux Norvégiens se présente ainsi :

— Je suis le plus grand écrivain norvégien.

A la lueur des chandelles, des agapes réunissent les congressistes au château de Tiefurt, ou au palais de la grande-duchesse. Charmante attention pour les ambassadeurs des lettres françaises : une cantatrice chante dans leur langue une ariette du XVIIIe siècle. Sous les lambris gris et or, Robert Brasillach, qui quelques mois auparavant se morfondait dans un camp de prison-

---

1. André Fraigneau, « Croquis de voyage d'Abel Bonnard », *Je suis partout* du 25 avril 1942.

niers en Westphalie, se croit transporté dans l'Allemagne des petites cours et des princes-évêques.

Les écrivains européens ont évidemment droit à la visite, inévitable en la circonstance, du lieu le plus sacré de Weimar : la maison de Goethe. Située au cœur de la ville, la longue bâtisse rectangulaire au perron de style italien et aux fenêtres encadrées de grès fut offerte au poète en 1792 par le grand-duc Carl-August, et transformée en musée à la fin du XIXᵉ siècle.

Comme l'a noté l'écrivain Annette Kolb, si les nationaux-socialistes avaient eu affaire à un Goethe encore vivant, très vite le cri de « Crève, Goethe ! » serait monté des rangs bruns. Cela ne les empêche pas de revendiquer sans vergogne la figure emblématique de la culture allemande. « La voix qui parlait en Goethe n'était autre que celle du sang », peut-on lire dans *Mein Kampf*. Dans son fumeux *Mythe du XXᵉ siècle*, publié en 1930, Alfred Rosenberg, le « philosophe » du national-socialisme, fait du Rhénan Goethe, qui certes secoua le joug de l'impérialisme culturel français, un des représentants de la race « nordique ». Les nationaux-socialistes aiment à citer ces vers du poète, dont la morale de vainqueur choquait Stefan Zweig :

Il faut monter ou descendre,
Il faut gagner et gouverner,
Ou perdre et servir.
Souffrir ou triompher,
Etre enclume ou marteau.

En réalité, s'ils célèbrent Goethe sur tous les tons et récupèrent le mythe de Weimar, les dirigeants nationaux-socialistes n'en pensent pas moins. A en croire les confidences qu'il fit un jour à Baldur von Schirach, Hitler ne pardonnait pas à Goethe, ce bourgeois de cour, ce franc-maçon décoré par Napoléon, de « s'être montré citoyen du monde pendant les guerres napoléoniennes, et d'avoir dit aux combattants pour la libération : " Ne secouez pas vos chaînes, cet homme est trop grand pour vous " ». Quant à Goebbels, il considère comme un « salaud » celui qui écrit des poèmes et en oublie son propre peuple en déclin [1]...

Ces « faiblesses » pour Napoléon du grand poète allemand fournissent cependant un thème de propagande fort exploitable dès qu'il s'agit de s'adresser aux intellectuels étrangers. Dépassant les frontières du nationalisme, l'auteur de *Faust*

1. Baldur von Schirach, *J'ai cru en Hitler*, Paris, Le Cercle du nouveau livre d'histoire, 1968, p. 21 et p. 59.

n'était-il pas au fond un précurseur de l'Europe nouvelle ? Et son admiration pour l'Empereur ne préfigure-t-elle pas celle qu'éprouvent certains intellectuels français du temps présent pour le génie d'Adolf Hitler ? Dans un article publié à son retour en France, Ramon Fernandez récitera la leçon apprise à Weimar : « Goethe demeure le grand champion de l'unité européenne, et d'une unité fondée non pas sur des combinaisons électorales ni sur des calculs hypocrites, mais sur l'alliance enfin contractée de la force et du savoir, de la sagesse et de la puissance, sur la conscience de l'unité essentielle du continent [1]. » Même chanson, à peine moins mécanique, sur Goethe l'Européen, chez Drieu ou chez Chardonne. Le romancier charentais aime à citer ce précepte du grand écrivain : « Dans la paix, que chacun balaie devant sa porte. Si tu es vaincu, arrange-toi avec les garnissaires. »

La cohorte des écrivains étrangers entreprend donc, en ce matin d'octobre, de rendre ses devoirs à l'auteur du *Roi des Aulnes*. Jouhandeau, tout de noir vêtu comme un curé, Chardonne penché sur son monologue intérieur, Brasillach

1. R. Fernandez, « Ce que je viens de voir en Allemagne », *Paris-Soir*, du 5 novembre 1941.

tête nue, en imperméable blanc, son lourd cartable d'étudiant à la main, pénètrent, encadrés de leurs accompagnateurs en uniforme, dans la maison du poète. Une caméra des actualités allemandes est là, qui filme la scène.

A l'intérieur de la vaste bâtisse, les couleurs mates, jaune, ocre, bleu, des pièces en enfilade étonnent par leur modernisme, et rappellent que Goethe se voulait théoricien des couleurs. Les bustes géants ramenés d'Italie font un peu tiquer le délicat Brasillach. Comme tous les visiteurs, les écrivains français sont frappés par le contraste, significatif de la personnalité de Goethe, entre la solennité des salles de réception et l'austérité des pièces réservées à la vie privée. Ce n'est pas sans émotion qu'ils pénètrent dans son cabinet de travail, obscur et faustien, encombré de livres, qui semble tout prêt pour la visite de l'esprit qui dit « non », voisin d'une chambre à coucher modeste, presque sordide. Ils y contemplent le fauteuil dans lequel Goethe est mort assis, le regard tourné vers l'étroite fenêtre.

Marcel Jouhandeau obtiendra de rester seul dans la pièce afin d'y méditer. Quel écrivain ne s'identifie peu ou prou à la figure olympienne de Goethe, tout à la fois génie créateur accompli, conseiller du Prince et objet de la vénération publique ? Mais, pour l'auteur de *M. Godeau*, ce pèlerinage allemand a perdu beaucoup de sa saveur, depuis l'arrivée à Weimar. Jouhandeau a désormais le sentiment que Gerhard Heller le dédaigne. Il prendrait presque en aversion son idole d'hier, interprète chacun de ses gestes comme une moquerie, une rebuffade, à lui destinée. La vérité est que le Sonderführer, qui doit désormais cornaquer non plus trois, mais sept hommes de lettres, sous le regard des hautes autorités du ministère de la Propagande, n'a plus guère de temps à lui consacrer.

Le moqueur Ramon Fernandez a tout compris : il confie à Jouhandeau qu'il le trouve « mélancolique » ! Le soir du samedi 25 octobre, c'en est trop : Jouhandeau s'estime injustement écarté par Heller d'une conférence à laquelle il devait participer. Weimar lui paraît désormais un tombeau. Le voilà saisi par la *Heimweh*, le mal du pays que connaissent bien les Allemands.

Cet accès de paranoïa amène Jouhandeau à voir le Sonderführer tel qu'il est vraiment : un fonctionnaire dont le charme est le principal moyen d'action. Heller, comprend-il un peu tard, a été intime avec lui cinq minutes ici et là, mais c'était sans doute en service commandé. « Je lui ai donné le spectacle de l'amitié et lui m'en a montré la parodie, se désole Jouhandeau. Peut-être est-il allé jusqu'à se rire de moi. Alors tant pis pour lui [1] ! » M. Godeau se drape dans sa dignité bafouée, sans rien retrancher de la haute idée qu'il se fait de sa propre gloire. Et ses pensées volent vers sa femme Elise, dont il vient justement de recevoir une lettre.

Désormais, il participe plus distraitement aux activités des congressistes. Dans ses *Carnets*, il ne dira mot de l'événement marquant des rencontres de Weimar : la fondation d'une association des écrivains européens.

Pour manifester leur zèle, les délégués allemands et ceux des quatorze nations étrangères présentes à Weimar ont en effet jugé bon de pérenniser leur rassemblement, en se constituant en association permanente. Officiellement, il s'agit d'une idée de l'écrivain norvégien Knut Hamsun, prix Nobel de littérature en 1920, du Flamand Stijn Streuvels et du Finlandais Maila Talvio. Weimar, où fut prophétisé par Goethe l'avènement de la littérature universelle (*Weltliteratur*), n'est-il pas le lieu idéal pour fonder une telle académie, à l'heure où l'Europe s'unifie sous l'égide de l'Allemagne ?

Qui dit association dit désignation d'un prési-

1. M. Jouhandeau, *Le Voyage secret*, *op. cit.*, p. 99.

dent. Un écrivain autrichien glisse alors le nom du romancier allemand Hans Carossa, présent dans la salle. Aucun autre candidat ne se manifeste. Carossa est élu.

Le choix, assurément, est adroit. Hans Carossa, cet écrivain-médecin d'ascendance italienne, aux « beaux yeux pacifiques, qui respire l'amour des vertus simples et de la forêt », selon Brasillach, n'est pas membre du parti nazi et jouit d'une vraie notoriété à l'étranger. Son *Journal de guerre roumain* reste l'un des témoignages importants sur le premier conflit mondial, vu du côté allemand, au même titre qu'*A l'Ouest rien de nouveau* de Remarque et *Orages d'acier* de Jünger. En humaniste, Carossa y manifeste une compassion pour la souffrance des humbles, qu'on dirait néanmoins tombée d'une hauteur olympienne. Rendant compte du dernier roman de l'écrivain bavarois, *Les Secrets de la maturité*, qui vient d'être traduit en France en cette année 1941, André Fraigneau a relevé chez lui cette « attention fervente à tout ce qui souffre, à tout ce qui croît, à tout ce qui naît et meurt », qui « rappelle le grand exemple de Goethe [1] ». Goethe dont, justement, Carossa se veut le disciple.

---

1. André Fraigneau, *La Nouvelle Revue française* du mois de janvier 1941, p. 243.

Seul problème : Hans Carossa n'était guère enthousiaste à l'idée d'assumer la présidence de l'Association des écrivains européens. Certes, il n'a pas jugé nécessaire de quitter l'Allemagne à la prise de pouvoir par Hitler. Mais il se considère comme un émigré de l'intérieur, et la diaspora des intellectuels antinazis regarde favorablement cet écrivain conservateur qui sait garder ses distances avec le régime nazi.

Carossa ne s'est montré à Weimar, en ce mois d'octobre 1941, que pour faire oublier ses précédentes absences aux *Dichtertreffen* qui ont été remarquées à Berlin. Dès son arrivée à Weimar, « mi-pressants, mi-menaçants », jurera-t-il, des hauts fonctionnaires du ministère de la Propagande sont venus lui proposer la présidence de la future association des écrivains européens. Le romancier qui, deux ans auparavant, avait été contraint de rédiger, sur l'injonction de Goebbels, un texte pour le cinquantième anniversaire du Führer, en se donnant les gants de ne pas nommer le dictateur, s'est trouvé de nouveau sur les charbons ardents. Mais à quoi sert de jouer les fortes têtes ? Et est-il concevable de faire subir un affront au Dr Goebbels devant des étrangers ? « Pour l'heure, ce sont les Stukas et les Panzers qui ont la parole et ce que les écrivains disent là-dessus ne compte pas », tentera-t-il de se justifier [1]. De plus, cette présidence, on le lui a assuré, ne portera pas préjudice à son travail d'écrivain, qui lui importe plus que tout. Il sera en effet assisté d'un secrétaire général, chargé de coordonner les activités de l'association : le Dr Carl Rothe, l'ami de Heller au ministère de la Propagande.

Ce sont les Français qui ont achevé de convaincre Carossa. Son éditeur en France — le monde est petit — n'est autre, en effet, que Jacques Chardonne. Et le romancier des *Destinées sentimentales* semblait si enthousiaste, s'est montré si pressant... Impossible de se dérober à de telles sollicitations. Quelques heures seulement après son arrivée à Weimar, Hans Carossa est donc porté sans l'avoir voulu à la tête d'une société internationale d'écrivains, d'inspiration nationale-socialiste. Devant le parterre de ses collègues, dont certains sont manifestement soulagés que le coup soit tombé sur la tête d'un autre, Carossa débite un compliment à double sens, le moins compromettant possible :

— Chez vous tous, messieurs, vit certainement, comme chez moi, la certitude qu'un renouveau de l'Occident ne peut venir que de l'Esprit et de

1. Hans Carossa, lettre à Roger de Campagnolle, du 22 décembre 1941, *Briefe*, p. 168.

l'Ame. C'est dans cette pensée que j'accepte avec reconnaissance l'expression de votre confiance.

La manière dont Carossa a été « désigné volontaire », son élection sans opposition, le rôle clé assigné à Carl Rothe suffisent à montrer que l'Association des écrivains européens — les écrivains français s'en rendent-ils seulement compte ? — est une opération montée en coulisses, et pilotée de A à Z par le ministère de la Propagande.

Goebbels poursuit, ce faisant, un but précis : contrecarrer l'influence du Pen Club. Véritable société internationale des écrivains, cette organisation d'esprit démocratique fondée en 1921 et basée à Londres agace prodigieusement les dirigeants du IIIe Reich depuis que l'Allemagne nazie en a été solennellement exclue pour être remplacée par une section d'émigrés allemands antinazis. La nouvelle association des écrivains européens à la botte de Goebbels doit en combattre le rayonnement. A plus long terme, le maître de la propagande du Reich envisage de prendre le contrôle de la littérature européenne dans son ensemble. Il rêve même de la création d'une « chambre de culture européenne ».

Dans ses *Carnets*, en date du 27 octobre 1941, se basant sans doute sur le récit que lui en a fait Carossa lors d'un entretien privé du 25, le ministre de la Propagande note : « La fondation de l'Association des écrivains européens à Weimar a reçu dans le public un écho extraordinairement favorable. A ce qu'on m'a rapporté, les hommes de lettres présents à Weimar se sont prononcés avec un enthousiasme sans précédent pour l'objectif d'un nouvel ordre européen. Les Français ont même pleuré. C'est la meilleure chose qu'ils pouvaient faire en ce moment, et s'ils avaient par là l'intention de faire impression sur leurs collègues allemands, le but est atteint. »

Les Français ont pleuré... Au moins un, en l'occurrence, Jacques Chardonne. Pour l'écrivain charentais, l'émotion de voir se créer cette académie internationale d'écrivains d'inspiration allemande a été trop forte : après avoir prononcé un petit discours et avoir été congratulé par Hanns Johst, il n'a pu retenir ses larmes devant ses collègues [1] !

Goebbels peut être satisfait. Les écrivains étrangers ont été d'une docilité parfaite. Le ministre de la Propagande le constate par lui-même, puisqu'il débarque à Weimar le samedi 25 octobre, sous une pluie battante. Minuscule dans son manteau de cuir, il se voit offrir par

---

1. Sur les larmes de Chardonne, deux témoignages, celui de Hans Carossa dans une lettre à Hedwig Kerber du 25 octobre 1941 (*Briefe*, *op. cit.*, p. 163) et celui d'Arvi Kivimaa (*Eurooppalainen Veljeskunta*, *op. cit.*, p. 86).

Hanns Johst un recueil relié de ses propres articles parus dans le *Völkischer Beobachter*, l'organe du parti nazi. Plus tard, le ministre s'entretiendra avec un groupe d'invités étrangers, parmi lesquels, sans doute, des Français.

Le lendemain matin, dimanche 26 octobre, dernier jour des rencontres de Weimar, Goebbels doit fleurir comme chaque année les tombes de Goethe — ce « salaud », selon ses propres termes — et de Schiller. Les deux poètes amis reposent à Weimar dans un cimetière aux allures du parc romantique, côte à côte au fond d'une crypte, auprès des ducs, leurs protecteurs. Les écrivains étrangers ont été conviés à assister à la cérémonie. Brasillach goûte le privilège :

« Une paix merveilleuse, écrira-t-il avec son habituel talent d'évocation, monte de cette terre, dans les couleurs sombres et dorées de l'automne. Voici encore une fois l'Allemagne de Nerval, avec ses mythes et ses magies. C'est là que nous voyons s'avancer, dans des uniformes rouillés et rouges, pareils aux couleurs qui les entourent, M. Goebbels et ceux qui l'accompagnent. Ils vont déposer leurs couronnes sur les cercueils jumeaux des poètes, au fond de la crypte princière, mariant ainsi l'Allemagne d'hier à celle d'aujourd'hui. »

Pour le normalien de trente-deux ans qu'est

Brasillach, plus familier des pays du soleil que des brumes germaniques et pétri de maurrassisme, l'Allemagne était jusqu'ici une sorte de *terra incognita*. Lors d'une première visite-éclair en 1937, subjugué par les « cathédrales de lumière » balayant le ciel du congrès de Nuremberg, par les consécrations de drapeaux à la lueur des torches et par les jeux de jeunes loups des *Hitlerjugend*, il était resté perplexe devant Hitler, « triste fonctionnaire végétarien » hanté par son cauchemar. « Tout cela n'est-il pas trop ? » se demandait-il, cherchant des défauts à ce spectacle trop séduisant, dont la « frénésie sexuelle » ne lui échappait pas [1]. A l'époque, Brasillach, en mal d'un fascisme à la française, reprochait encore à un Alphonse de Châteaubriant ses génuflexions devant l'Allemagne, y voyant « l'exemple le plus effrayant d'une démission de l'intelligence ». En avril 1941, les Allemands eux-mêmes, s'ils l'avaient relâché de son *Oflag*, n'avaient pas avalisé sa nomination comme commissaire du Cinéma à Vichy.

Mais, à présent, l'ancien feuilletoniste littéraire de l'Action française ne lutte plus contre son atti-

---

1. Voir son article « Cent heures chez Hitler », *Revue universelle*, octobre 1937, et son livre *Les Sept Couleurs*. Ce texte a été expurgé de ses notations critiques lors de sa reprise dans *Notre Avant-Guerre* en 1941.

rance pour le national-socialisme. Il est comblé par tout ce qu'il voit en Allemagne, par cette nouvelle religion qui unit les mythes du passé à la dure réalité de l'heure présente, qui fiance, selon son expression, « les jeunes filles aux myrtilles à un lieutenant des sections d'assaut ». L'Allemagne, pour lui, est d'abord cette « conjuration démoniaque et poétique » dont parlait Giraudoux ; le fascisme, un esprit d'équipe, un triomphe de la jeunesse, une poésie, la poésie même du XXᵉ siècle ! Car, aux yeux de Brasillach, la douceur ne va pas sans dureté, la tendresse sans cruauté, et l'amitié franco-allemande sans masochisme.

Bien sûr, le jeune rédacteur en chef de *Je suis partout* est trop fin pour être tout à fait dupe de l'accueil des Allemands. Ces ficelles utilisées pour influencer les écrivains, il les connaît, il les a décrites, dix ans plus tôt, dans son premier livre, *Présence de Virgile*. Avec une facilité étourdissante, le normalien de vingt-deux ans y ressuscitait le poète des *Bucoliques*, et avec lui la brigade d'écrivains-propagandistes pilotée par Mécène. Ce dernier, écrivait-il, « avait eu la grande idée de faire servir les hommes de lettres à la louange d'Octave ; toute son habileté et ses ruses de diplomate furent mises en œuvre pour flatter le naïf orgueil des écrivains. Il [...] avait une table excellente et respectait, en apparence

121

au moins, l'ombrageuse indépendance de ces messieurs. Aussi réunit-il vite chez lui les orateurs, les grammairiens et les poètes [1]. »

D'un empire l'autre, l'Histoire se répète. Comme jadis Virgile chantait l'ordre du monde rétabli par Octave-Auguste, Brasillach va se faire le porte-voix du rêve européen d'Adolf Hitler. Ses réticences d'hier ont été emportées par la défaite, par Montoire, par la guerre à l'Est, par ce qu'il voit à présent en Allemagne. A ses yeux, face au péril « judéo-bolchevique », l'Allemagne et la France doivent unir leurs destins. L'étranger, l'ennemi, ce sont les Juifs, les dirigeants de la IIIe République, le « traître de Gaulle », les « Moscoutaires », pour lesquels ce chantre de la douceur de vivre réclame le « poteau » à longueur d'éditorial de Je suis partout. « Qu'attend-on pour fusiller les chefs communistes déjà emprisonnés ? » trépignait-il dans son dernier article rédigé avant de partir pour Weimar [2]. Les Allemands, désormais, ne sont plus des ennemis héréditaires, ce sont des frères de sang, de grands copains charmants et violents. A l'image de Karl Heinz Bremer, l'adjoint de Karl Epting,

1. R. Brasillach, *Présence de Virgile*, Paris, Plon, 1931, rééd. 1989, p. 92-93.
2. « Pas de pitié pour les assassins de la patrie », *Je suis partout* du 25 octobre 1941.

présent aux côtés des écrivains français à Weimar.

A Paris, Brasillach, lors de ses visites à l'Institut allemand, a déjà approché ce garçon blond. Mais c'est au cours de ces journées de Weimar qu'il va se lier avec celui qui restera à jamais son « seul ami allemand ». Ancien étudiant de l'université de Koenigsberg, spécialiste de Roger Martin du Gard, Bremer a été avant la guerre lecteur d'allemand à l'Ecole normale supérieure, un peu après que Brasillach y avait étudié. Les deux jeunes hommes peuvent évoquer ensemble cette abbaye de Thélème intellectuelle, son jardin bucolique, ses toits sur lesquels les normaliens aiment à philosopher, fidèles, tous deux, à leurs souvenirs d'étudiants, plus qu'aux valeurs humanistes de la rue d'Ulm.

Selon Gerhard Heller, qui ne l'aime pas et lui dispute le contrôle du monde littéraire français, Bremer, qui voit en Hitler un nouvel Alexandre, est un dur, un nazi convaincu. L'antisémitisme des articles qu'il publie dans les *Cahiers de l'Institut allemand* ne dément pas cette opinion [1] Pour d'autres, comme Montherlant, dont il est le

---

1. Voir par exemple sa « Réplique allemande à la conception française de l'Allemagne », dans *Regards sur l'Histoire, Cahiers de l'Institut allemand*, n° II, Paris, Sorlot, 1941, p. 153-180.

traducteur, ce chantre de « l'homme libéré de l'esprit bourgeois et du christianisme, qui aura le culte de Sparte, d'Athènes et de Verdun », est un ami sincère de la France [1]. André Fraigneau, tombé lui aussi sous le charme pendant ces journées à Weimar, voit en lui, derrière son abord revêche et son dur regard cerclé de métal, « un intermédiaire infatigable entre les autorités d'occupation et nous [2] » ! Chardonne dira aimer ce brusque garçon pour son « grand cœur et sa volubilité aiguë ».

Mais c'est avec Brasillach, semble-t-il, que l'intimité est allée le plus loin. Loin du fracas des armes et de l'urgence des luttes politiques, alors qu'ils se promènent ensemble, tels Patrice et Catherine dans *Les Sept Couleurs*, parmi les stèles penchées et les herbes folles du romantique cimetière de Weimar, Brasillach et son « jeune Siegfried vainqueur des sortilèges » — ainsi appellera-t-il Karl Heinz dans un de ses articles — oublient la guerre, font des projets d'avenir. « Nous voulions, la paix venue, nous promener, camper, chercher les paysages

1. Henry de Montherlant, « Sur un tué de guerre allemand », in *Essais*, p. 1485.
2. A. Fraigneau, « Karl Heinz Bremer », *Comœdia* du 3 octobre 1942.

124

jumeaux, les villes fraternelles de nos pays »,
dira Brasillach [1].

Est-ce à ces affinités électives avec Karl Heinz
Bremer que Jouhandeau fera allusion des
années plus tard, quand il s'offusquera — lui —
de l'inconduite de Brasillach ? « Là où il m'a surtout scandalisé, c'est à Weimar, caquètera-t-il. Je
l'ai vu manifester et même afficher, dans la
compagnie des Allemands, une telle familiarité,
une telle... Non, je ne peux pas vous dire exactement ce que j'ai vu. Ce serait une accusation
grave, et il me faudrait être sûr, absolument sûr,
de ce que mes yeux croient avoir vu. » M. Godeau,
on le voit, ne craint pas de jouer les Tartuffe [2]...

Cependant, les rencontres internationales
d'écrivains touchent à leur fin. Elles vont céder
la place à la « Semaine du livre de guerre allemand » dont elles n'étaient que le prélude. Dans
la *Weimarhalle*, palais des congrès construit dix
ans plus tôt pour les festivités du centième anniversaire de la mort de Goethe, le Dr Goebbels,
succédant à Hanns Johst et au brutal Gauleiter
de Thuringe, Fritz Sauckel, en prononce, le

---

1. R. Brasillach, « Sur la mort d'un ami allemand », *Je suis
partout* du 18 septembre 1942.
2. « Mes rencontres avec les écrivains de ce siècle », par
Marcel Jouhandeau, propos recueillis par Jean-Louis Ezine, *Les
Nouvelles littéraires* du 12 août 1976.

dimanche 26 octobre 1941, le solennel discours d'ouverture. Personnalités du monde littéraire, autorités de Weimar et invités étrangers, dont les écrivains français, ont pris place dans la grande salle, au milieu des drapeaux de la jeunesse hitlérienne et des délégations en uniforme. Un orchestre de chambre, au bord de la tribune, joue discrètement les préludes de Liszt, avec le souci de se fondre avec les voix, les mouvements, le silence tendu de l'assistance. Debout, derrière un pupitre, Goebbels prend la parole.

— Les livres sont nos bons amis. Ils nous accompagnent de notre première jeunesse au grand âge, à travers toute notre existence. Nous autres, Allemands, qui sommes le peuple des poètes et des penseurs, ne pouvons concevoir une vie d'homme sans livres...

Qui ne souscrirait à ce lénifiant exorde ? Sous un écusson géant où s'enlacent un glaive et un livre, Goebbels, le regard magnétique, un brassard à croix gammée au bras, les doigts nerveusement déployés en éventail, transfiguré comme chaque fois qu'il monte à la tribune, durcit le ton.

— Sur le front de l'Est, assène-t-il, l'Allemagne ne se bat pas seulement pour son espace vital, mais pour la défense de la culture européenne !

Et le maître de la propagande du Reich de multiplier les chiffres prouvant la santé éclatante de la production éditoriale allemande, ainsi que l'approvisionnement en bons ouvrages des combattants. A l'heure où il parle, s'enorgueillit-il, plus de cent poètes portent l'uniforme dans des sections de propagande sur le front de l'Est !

Le *Reichminister* achève son discours en saluant la présence des écrivains étrangers, qui visiblement lui tient à cœur :

— Pour la première fois, cette année, en pleine guerre, nous avons convié chez nous les auteurs éminents des nations amies. Sur mon invitation ils ont fait un voyage à travers le Reich. Tout leur a été montré et rien ne leur a été dissimulé. Nous n'avons rien à cacher. Ils ont pu, les yeux grands ouverts, étudier le peuple, le pays et ses habitants, et déduire, de la force qui aujourd'hui dans la patrie rayonne de la nation allemande, celle que représente notre Front combattant. Leur voyage, qui vient de s'achever, fut pour ainsi dire une leçon de choses, sur la question de savoir si la nation allemande a un droit légitime à rompre les liens qui enserrent ses provinces et à s'engager sur le chemin de la puissance mondiale [1].

1. Joseph Goebbels, « Buch und Schwert, Rede zur Eröffnung der Woche des deutschen Buches », in *Das eherne Herz, Reden und Aufsätze aus dem Jahren 1941/1942*, p. 61 à 78.

Tonnerre d'applaudissements dans la Weimar-halle.

L'heure est maintenant venue pour les délégations étrangères de prendre congé.

Un dîner d'adieu les réunit, le 26 octobre, au célèbre hôtel *Elephant*. Hitler affectionne tellement cette demeure historique que, quelques années auparavant, il l'a fait rebâtir de fond en comble en style moderne, pour lui servir de résidence lors de ses séjours en Allemagne centrale.

Assis autour de tables rondes, les délégués prononcent des toasts d'adieu. On salue la culture européenne, les combattants du front de l'Est. Puis vient le tour de Jacques Chardonne de s'exprimer au nom de la délégation française.

Au fil des jours, l'écrivain charentais s'est imposé comme le porte-parole naturel de ses compatriotes. Il n'a rien d'un orateur. Mais, ce soir, de sa belle voix lente, aux intonations théâtrales, il trouve les mots pour évoquer les luttes d'autrefois entre le peuple allemand et le peuple français, souhaiter la paix, rappeler l'affection qu'avaient toujours vouée à la France les grands artistes de l'Allemagne.

— Oui, nous sommes vaincus, dit-il, mais nous espérons...

A peine Chardonne a-t-il terminé que le Suisse John Knittel, protégé par la neutralité de son pays, se dresse, tend son verre, et prononce un seul mot :

— Frankreich.

(En effet, dire ne serait-ce que « Vive la France », eût été considéré comme hautement subversif.)

Le traducteur :

— Je pense que ce n'est pas la peine de traduire.

Toute la salle se lève, tend son verre, applaudit. Chacun serre la main du Français qui se trouve près de lui. Dans ce moment d'unanimité factice autour de la grande nation blessée, André Fraigneau se tourne vers son cher Karl Heinz Bremer. Sur le visage de l'adjoint d'Epting, il croit lire une émotion profonde. En cet instant, écrira-t-il sans rire, « je le découvris directement intéressé à notre honneur [1] » !

Les délégués étrangers ne quitteront pas la cité de Goethe sans avoir assisté à la représentation d'une œuvre dramatique du grand écrivain. Au Théâtre national, bâtiment de style néo-classique devant lequel se dresse une statue montrant Goethe et Schiller côte à côte, on donne sa pièce réputée la plus classique, *Iphigénie en Tauride*.

Les Français — encore un délicat privilège —

---

1. André Fraigneau, « Karl Heinz Bremer », *art. cit.*

ont été placés au premier rang de l'orchestre, à côté des Espagnols. Le rideau se lève sur un décor représentant un escalier rustique qui entaille le flanc d'une colline, couronnée d'arbres sombres.

Et voici que monte le chant d'exil de la fille d'Agamemnon, reléguée sur les bords de la lointaine Tauride :

Cimes des pins altiers que bercent les orages,
Quand je viens sous votre ombre, ô cimes frémissantes
Dans le feuillage dru de vos arbres sacrés
Comme au silence auguste où règne la déesse
Je ne puis maîtriser un effroi dans mon cœur :
Un frisson me saisit comme le premier jour
Mon âme parmi vous ressent toujours l'exil [1].

En cette soirée de 1941 à Weimar, cet exil, cet effroi sacrificiel, prennent une résonance prémonitoire. A huit kilomètres seulement de la cité de Goethe, sur un plateau boisé, le camp de concentration de Buchenwald enferme depuis 1937 ses milliers d'« exilés ». Comme à Dachau, localité voisine de Munich rendue célèbre par son école de peinture, comme à Auschwitz, situé aux portes de la ville sainte de la Pologne,

1. Traduction de Maurice Boucher, publiée aux éditions Stock, dirigées par Chardonne, en 1943.

Cracovie, les nazis ont délibérément implanté leur cité d'épouvante à la proximité d'un ancien centre d'art et de culture. Le KZ Buchenwald comprend même dans son périmètre de barbelés électrifiés un chêne majestueux à l'ombre duquel Goethe venait, dit-on, méditer. Pour ses captifs, pas de thés dans les châteaux, de nuitées dans les demeures qui abritèrent Jean-Sébastien Bach, de colloques sentimentaux sous les frondaisons des parcs. A quelques lieues de la cité de l'humanisme allemand, méthodiquement, on tue l'homme dans l'homme.

« Rien n'a été caché aux visiteurs étrangers », a affirmé Goebbels dans son discours. En 1935, lors d'un précédent voyage en Allemagne, Drieu La Rochelle avait visité le camp de concentration « modèle » de Dachau où il n'avait vu qu'« admirable confort et franche sévérité ». Cette fois, promenés dans une Allemagne idyllique et prudhommesque, les touristes français n'ont rien vu de la terreur qu'y répand le nazisme. Aucune fausse note n'est venue troubler leurs réjouissances. « Je ne savais rien de l'existence des camps de la mort », se justifiera Abel Bonnard, devant la Haute Cour, en 1960. Mais les écrivains français pouvaient-ils ignorer que l'éloge de la race des seigneurs auquel ils

131

avaient applaudi avait pour contrepartie nécessaire l'écrasement de la « sous-humanité » ?

En tout cas, Hans Carossa, lui, savait.

Dans un livre de souvenirs publié en 1951, et intitulé *Ungleiche Welten* (« Mondes dissemblables »), le président de l'Association des écrivains européens a raconté son départ de Weimar, à l'issue des *Dichtertreffen*, hanté d'une vision fantomatique :

« Pendant que j'attendais le train à la gare de Weimar, il y avait là, séparé de moi par une cloison, un homme à barbe blanche accompagné d'une jeune fille qui désigna de lointaines constructions grises, qui émergeaient des forêts brumeuses. « Ça doit être un camp de concentration, et certainement l'un des pires », dit-il à sa compagne de voyage. Et, comme les deux m'avaient remarqué, ils se turent, prirent leurs valises et s'en allèrent à l'autre bout du quai [1]. »

1. H. Carossa, *Ungleiche Welten*, p. 240.

6

Un ami du Führer

Au nord-est de Berlin, la plaine sablonneuse du Brandebourg, avec ses pins et ses étangs, fait penser à la Sologne. C'est là que se cache parmi les bouleaux l'un des ateliers où le « Michel-Ange de l'Allemagne », Arno Breker, fait naître, avec l'aide d'une centaine d'assistants, les demi-dieux dont il peuple les monuments et les places du Reich hitlérien.

Sous un ciel automnal, le petit groupe des écrivains français, réduit désormais à quatre éléments (après trois semaines passées loin de chez eux, Jouhandeau, Chardonne et Fernandez sont rentrés en France), et qui prolonge son séjour par un crochet à Berlin, pénètre dans l'antre du sculpteur.

Les Français ont beau avoir été prévenus, leur surprise n'est sans doute pas feinte face au maître des lieux. Brun, de taille médiocre dans son costume croisé à fines rayures, Breker, Rhénan de quarante et un ans, ne ressemble guère aux surhommes musculeux qui sortent en série de son burin. Son visage juvénile aux cheveux rabattus afin de masquer sa calvitie respire la cordialité. Personne de moins compassé que ce puissant personnage, ami intime du Führer. Breker parle un bon français, mêlé de quelques mots d'argot, souvenir des années de bohème qu'il a passées à Paris, entre 1927 et 1931. Il possédait alors un atelier près de la porte d'Orléans. Il est passé dans celui du sculpteur Bourdelle, a fréquenté Charles Despiau, mais c'est un séjour chez le vieux maître Aristide Maillol, à Banyuls, au bord de la Méditerranée, qui l'a marqué à jamais.

Rentré en Allemagne après 1933, Breker s'est lancé dans le monumental et l'héroïque. Le tournant de sa vie fut la commande de statues pour le stade olympique à l'occasion des Jeux de 1936, puis pour la nouvelle chancellerie. Hitler a reconnu dans le style du sculpteur la traduction plastique de l'idéologie nationale-socialiste. « Breker, aurait-il déclaré, ne doit plus travailler que pour Berlin ! »

Le Führer a poussé l'affection pour Breker au point de le choisir pour guide, lorsque, savourant son triomphe, il a visité Paris au petit matin du 23 juin 1940. Breker doit d'ailleurs retourner bientôt dans la capitale française où une grande rétrospective de son œuvre — la première —, préparée par le ministère de la Propagande sur une idée de Jacques Benoist-Méchin, conseiller de l'amiral Darlan pour les affaires allemandes, est prévue au musée de l'Orangerie au mois de mai de l'année 1942. Il a obtenu que le fondeur français Alexis Rudier, qui fut celui de Rodin et de Bourdelle, soit tiré de la prison de Fresnes, où il avait été interné pour avoir refusé de transformer sa fonderie en usine d'armement, et mis à sa disposition en vue de cette manifestation.

Tout en faisant à ses visiteurs les honneurs de son atelier, Arno Breker, resté francophile, trouve des paroles aimables pour la culture française, sa « vertu moraliste », comme il dit. Mais il se montre critique sur « l'inadaptation française, depuis vingt ans, aux problèmes de l'Europe ». Un peu interloqués par ce qu'ils découvrent, les écrivains français déambulent, réduits à l'état de nabots, aux pieds des titans aryens, des immenses chevaux cabrés vers le ciel. André Fraigneau, qui a consacré l'un de ses livres à la Grèce (*Les Voyageurs transfigurés*), discute de ce pays avec la femme de Breker, qui est grecque. Très brune, un peu forte, elle posait pour Derain,

Foujita, Pascin à Montparnasse, quand elle a rencontré Breker, pauvre et inconnu. Elle a quitté son mari, un chimiste français, pour l'artiste allemand. Elle est un peu diseuse de bonne aventure, et aurait prédit un avenir grandiose au Führer [1].

Les rapports privilégiés de Breker avec Hitler piquent la curiosité de ses hôtes, et notamment de Drieu La Rochelle, fasciné par les conseillers du Prince. Quelques jours auparavant, le 18 octobre, le sculpteur a encore passé la soirée en petit comité avec Hitler et Albert Speer. Devant lui, le maître du Reich s'est froidement déchaîné contre Churchill, « pantin de la juiverie ».

Sous l'œil de Karl Heinz Bremer, Drieu La Rochelle questionne Breker sur le caractère occulte, magique, de voyant, que la rumeur prête au Führer.

— Croyez-vous qu'un sorcier, répond avec ironie le sculpteur, puisse mener lui-même comme il le fait, par ses directives personnelles inscrites dans tous les domaines et dans tous les plans, l'entreprise la plus savante, la plus scientifique du monde ? Je n'ai jamais vu un homme aussi

1. Selon Youki Desnos, son amie. Voir *Les Confidences de Youki*, p. 53.

prudent et aussi raisonnable, aussi rationnel, vous diriez presque aussi rationaliste que lui [1].

L'heure du déjeuner étant arrivée, Breker, à la bonne franquette, emmène toute la troupe dans un « petit bistrot » des environs. Brasillach s'enchante des plaisanteries d'étudiant de l'ancien « Montparno », de la simplicité décontractée de ses manières. Un pays est jeune, s'extasie le rédacteur en chef de *Je suis partout*, quand ses officiels savent rester jeunes, être jeunes tout court ! Dans la statuaire nazie, ce fort en thème aux joues rondes et aux lunettes de myope apprécie « les images de la puissance et de la camaraderie » — et sans nul doute l'ode au corps masculin. De longue date, sa poétique un peu mièvre fait son miel des viriles images que lui fournit la mythologie fasciste. Pourtant, son enthousiasme a quelque chose d'un peu artificiel. Pas encore homme nouveau à cent pour cent, Brasillach, qui aime par-dessus tout la tendre statuaire des cathédrales d'Ile-de-France et a trouvé la nouvelle chancellerie de Berlin bâtie dans un style « beaucoup trop froid », doit un peu se forcer pour avaler tous ces surhommes de bronze. Ce qu'il apprécie chez

1. Pierre Drieu La Rochelle, « L'Allemagne européenne », *La Nouvelle Revue française* du mois de janvier 1942, p. 112.

Breker, ce sont les œuvres de petit format, por-
traits, bustes (certes « héroïques »), et une petite
Bretonne les mains levées — « sa part personnelle », veut-il croire. Celle en tout cas qui est la
moins colossale, la moins officielle, la moins
froidement démente.

De fait, quel rapport entre cette exaltation de
la force brute, de l'ardeur au combat, de l'esprit
de sacrifice pour la communauté, et l'art subtil
des écrivains français, la sensualité élégiaque
de Brasillach, la sonorité d'alto de Jouhandeau,
l'eau grise de Chardonne ? Quel rapport entre le
culte du moi auquel tous, à commencer par
Drieu, sacrifient, et la glorification imperson-
nelle des héros et de l'homme nouveau que le
national-socialisme assigne comme tâche à l'artiste ? Mais va pour l'art totalitaire, puisque c'est
celui des vainqueurs et que Breker est si chaleu-
reux ! Du reste, les nazis n'ont aucune intention
d'imposer pour modèle aux Français cet art
héroïque. Ils ne voient aucun inconvénient à les
laisser pratiquer dans leur coin, en peinture
comme en littérature, leur art d'« esthètes poitri-
naires », selon l'expression de Hitler. « La santé
spirituelle du peuple français nous importe-
t-elle ? Laissez-les donc dégénérer ! c'est tant
mieux pour nous », a déclaré un jour le Führer
devant Albert Speer.

Les écrivains français repartent enchantés de leur visite. Le coup de foudre a été réciproque. Breker a été fortement impressionné par ses visiteurs. Brasillach, dira-t-il, était « un être exceptionnel, un véritable poète, qui écrivait comme il respirait ». La personnalité d'Abel Bonnard a aussi enthousiasmé le sculpteur. « Quel être envoûtant ! D'un humour si fin qu'on acceptait tout de lui [1]. »

L'académicien français, nommé entre-temps ministre de l'Education nationale, présidera le comité d'honneur de l'exposition de l'Orangerie, et Breker, en un échange de bons procédés, exécutera son buste en bronze. Comme le temps passe... Au sortir de la Première Guerre mondiale, le même Abel Bonnard dénonçait pourtant « l'horrible appareil de la force allemande » ! Mais ce chantre de la France d'hier devient chaque jour un peu plus celui de l'Europe de demain. Causeur mordant et styliste précieux, représentatif d'une Académie française acquise au pétainisme bien avant la défaite, Bonnard s'était rapproché du PPF dès 1936. Antisémite, épris de virilité, il avait été impressionné, interviewant Hitler en 1937, par les « œuvres sociales »

1. Voir Renée Versais, « Rencontre avec Arno Breker », *Rivarol* du 3 décembre 1970.

du nazisme. Depuis lors, sans se déclarer fasciste — question de génération sans doute —, l'académicien réactionnaire condamne le « patriotisme d'impasse » où s'enferment ses amis maurrassiens. « Un monde se fait, et il faut en être », est son leitmotiv. « Ah, ce peuple français, quel peuple affreux ! se prend-il à soupirer parfois. Et il l'était déjà au XVIIIᵉ siècle. Comment peut-on lui rester attaché, quand nous avons près de nous, que dis-je ! chez nous, un peuple tendre, sentimental, affectueux et qui ne manque jamais une occasion de nous manifester sa bonté... *Ich hatte einen Kameraden*, ça vous a une autre gueule que *La Marseillaise*... Il n'y a que les Allemands et aussi les Anglais, qui ont le sens de l'amitié [1]. »

Affectant un détachement socratique, Bonnard confie à ses compagnons de voyage qu'il aimerait se retirer à Pékin, « pour y finir une vie consacrée à la méditation et aux disputes de mandarins ». En fait, la défaite a représenté pour ce bel esprit le début d'une seconde carrière. A cinquante-six ans, moins âgé que ne le laissent croire sa vaporeuse crinière blanche, son prénom XIXᵉ siècle et ses manières désuètes,

1. Propos rapportés par Joseph-Barthélemy, dans son livre *Ministre de la Justice, Vichy 1941-1943*, Paris, Pygmalion-Gérard Watelet, 1989, p. 116.

il hante les allées du pouvoir à Vichy. Membre du Conseil national mis en place par Pétain, président d'honneur du groupe « Collaboration » (« groupement des énergies françaises pour l'unité continentale »), il est en piste, avec le soutien d'Otto Abetz, pour le fauteuil de ministre de l'Instruction publique — lui qui passe son temps à chanter les saines vertus de l'ignorance... Mais Pétain, qui n'est pas le dernier à surnommer Bonnard « Gestapette », a jugé impossible de faire d'un homosexuel notoire « le chef de la jeunesse et de l'enseignement ». Ce n'est que partie remise.

C'est au moment où ses compagnons de voyage Brasillach et Bonnard sombrent sans retour dans la collaboration, que Pierre Drieu La Rochelle commence, lui, à être effleuré par l'aile du doute.

A peine débarqué à Berlin, le directeur de la *NRF* s'en est allé méditer sous les frondaisons encore chargées de feuilles du parc du Tiergarten ; il aime ces morceaux de nature que le panthéisme des peuples nordiques sème au cœur des grandes villes. Comme Bonnard, il a horreur de la France des buveurs de Pernod et des joueurs de belote, de la République des professeurs et des francs-maçons, mais plus encore peut-être des réactionnaires rancis de Vichy.

Dès 1922, horrifié par la guerre moderne et dénué d'illusions sur la victoire, il constatait non sans désespoir, dans un essai intitulé *Mesure de la France*, que son pays n'était plus une grande puissance, et affichait son credo européen. Depuis la commotion du 6 février 1934, et deux voyages en Allemagne sur l'invitation d'Otto Abetz, il a vu dans le fascisme le seul moyen de réagir contre la décadence et de posséder cette force tant désirée, explosion de vitalité, plénitude de l'être et non simple amour du muscle, dont il a eu la révélation dans l'éclair d'une attaque hors de la tranchée, baïonnette au canon, un livre de Nietzsche dans sa musette, le 23 août 1914.

Cette force, Drieu, par une ironie atroce, en a investi des matamores comme Doriot, des monstres comme Hitler, et la race aryenne en général, à laquelle ce grand Normand blond, élégant et mou, s'enorgueillit d'appartenir. Lui qui fut marié à Colette Jeramec, qui est l'ami intime d'Emmanuel Berl, est saisi de bouffées d'un antisémitisme quasi pathologique, où se mêlent mauvaise conscience et haine de soi.

La débâcle de 1940 a fait de lui le personnage le plus en vue de la collaboration intellectuelle. N'ayant pas pu ou voulu jouer un rôle politique actif, il s'est rabattu sur la direction de la *NRF* offerte par Abetz, sans que sa névrose d'échec mêlée d'orgueil le quitte un seul instant. De par ses éminentes fonctions, il participe naturellement à ce déplacement à Weimar, optant toutefois pour la « version courte » du séjour. Et lui qui se rêve homme d'action, le voilà promené en train ou en autocar par des hôtes trop prévenants, en compagnie d'hommes de lettres qu'il apprécie (Chardonne, Jouhandeau) ou qu'il méprise franchement (Brasillach).

En ces jours maussades d'octobre, ses extases du congrès de Nuremberg, quand le défilé des SS en uniforme noir lui procurait un choc esthétique aussi violent que celui des Ballets russes, sont déjà loin. Plus lucide que ses compagnons de voyage, Drieu est saisi d'un mauvais pressentiment. Il s'en ouvre à son camarade de promenade au Tiergarten, le très germanique Fritz Bran, comparse d'Abetz et animateur des *Cahiers franco-allemands* [1]. La neige qui commence à tomber sur les armées allemandes devant Moscou, et qui fait s'embourber les Panzers, lui apparaît lourde d'une future défaite. Sensible aux signes avant-coureurs du néant et de son propre dégoût, l'auteur de *Gilles* voit se profiler un immense fiasco, qui sera aussi le

---

1. Voir le témoignage de Fritz Bran dans : Pierre Andreu et Frédéric Grover, *Drieu La Rochelle*, p. 482-483.

sien. Et si Hitler, en lâchant ses troupes sur les steppes glacées de la Russie, avait été saisi de la même *ubris* que Napoléon, et si le Führer était aussi génial et aussi stupide que l'empereur des Français ? Démographe maniaque, Drieu refait ses comptes : 80 millions d'Allemands sont aux prises avec 180 millions de Russes. Oui, mais parmi ceux-ci, il n'y a que 70 à 100 millions de Grands Russes, le reste n'étant qu'un ramassis d'« Asiates ». Certes. Mais les Russes, peuple jeune, surclassent les Allemands en vitalité, comme ceux-ci ont dominé les Français. Adossés à un empire sans fond, aucune armée ne pourra les soumettre, un front se reformera toujours [1]...

Mais il y a plus grave : Drieu se demande où est, dans le Reich qu'il visite en cette fin d'année 1941, ce « socialisme fasciste » dont il rêve. Dans les discours qu'il vient d'entendre à Weimar, le chauvinisme le plus étroit l'emportait sur le socialisme. Loin de réaliser l'Europe, l'Allemagne, qui traite un Etat nordique comme la Hollande en pays conquis et bloque en France la constitution de ce parti unique qu'il appelle de ses vœux, manifeste un impérialisme à courte vue. Quant

1. Sur les raisonnements démographiques de Drieu, voir Pierre Drieu La Rochelle, « Chardonne », la *NRF* de décembre 1941, et *Journal 1939-1945*, coll. « Témoins », Paris, Gallimard, 1992, p. 279.

aux Heller et autres Bremer, ce sont au contraire des mous, des lâches, qui ne croient pas assez au national-socialisme ! Et, par-dessus le marché, voilà que la direction de la *NRF*, où pourtant Paulhan assume en coulisses une partie du travail, ne l'amuse déjà plus.

A Weimar, Drieu, qui en qualité de directeur de la *NRF* et ami d'Abetz, aurait dû être le chef naturel de la délégation française, avait laissé le premier rôle à Chardonne. Celui-ci avait été frappé par l'attitude de son ami, déambulant dans les rues, dans son manteau de bon faiseur : « Cette figure de Drieu... cette mélancolie, cet homme... une nausée... disant : " Où est-ce que je suis ? Qu'est-ce que ces gens-là [1] ? " »

Pierre Drieu La Rochelle continue pourtant, comme si de rien n'était, son service inutile. Ses premiers doutes, il les réservera à son journal intime. Avant de regagner la France, avec Bonnard, Fraigneau et Brasillach, l'auteur du *Feu follet* s'inflige même à Berlin l'ennui d'une visite à des ouvriers français.

En cette fin de l'année 1941, plusieurs dizaines de milliers de Français (cent mille selon la propagande officielle) travaillent en effet volontaire-

---

1. « Drieu La Rochelle et notre temps », table ronde de *France-Observateur*, janvier 1958.

ment dans les usines allemandes où se mêlent toutes les nationalités d'Europe. L'économie de guerre du Reich a le plus grand besoin de cette force de travail, tandis que le *Soldatenvolk* [2] combat sur le front de l'Est.

— Ici, on adore les ouvriers français, dit-on aux écrivains. Ils ont une très grande popularité auprès de leurs camarades et de la population, et ils font un bien immense à la cause de la réconciliation franco-allemande.

Voici les écrivains sur la scène d'un foyer des travailleurs français, en plein cœur de Berlin, face à des compatriotes venus, comme eux, de leur plein gré en Allemagne, dans des conditions bien différentes. A ce public de mercenaires à l'accent faubourien, attirés outre-Rhin par un salaire plus élevé et un ravitaillement plus abondant, et composé pour une bonne part d'individus sans aveu, Brasillach parle de la France « qu'ils veulent juste, belle, sociale ». Abel Bonnard, en une exquise allocution, leur décerne le titre d'ambassadeurs de leur pays. La cigarette au coin des lèvres, Drieu, sur un ton familier, leur fait un topo sur l'esprit de Weimar et son expérience de la Grande Guerre...

1. Littéralement « le peuple des soldats », c'est-à-dire le peuple allemand.

146

Quand le trio d'écrivains ressort du foyer des travailleurs français, la lune éclaire, à travers la brume, un Berlin fantomatique, tous feux éteints par peur de l'aviation anglaise, avec ses parcs immenses, ses avenues droites et ses ceintures de pins. « Nous avons passé là, conclura Brasillach, quelques-unes des heures les plus précieuses de notre voyage, dans cette maison du travail et de la camaraderie [1]. »

André Fraigneau est le seul de la délégation française à ne pas avoir pris la parole dans cette petite sauterie. Ce n'est pas dans ce genre de circonstances que se trouvent les plaisirs de cet éternel jeune homme de trente-six ans, à l'hédonisme stendhalien, à la nonchalance créole, qu'il doit à une famille paternelle originaire de la Réunion. Très peu pour lui, les extases populistes, les rudes atmosphères prolétariennes ! L'élément naturel de ce garçon au profil d'aigle, au menton en galoche et aux cheveux calamistrés, ce serait plutôt Venise un soir d'orage, la lumière aveuglante des arènes de Nîmes un jour de corrida, les serments exaltés d'amitié et de grandeur que l'on fait à dix-huit ans. Plus d'un jeune lecteur s'est reconnu dans le héros de ses

1 R. Brasillach, « J'ai parlé à Berlin aux ouvriers français » *Le Petit Parisien* du 4 novembre 1941.

romans, Guillaume Francœur, ce frère à jamais étonné. Comme son personnage au cœur pur et dur, Fraigneau s'est juré d'ignorer les carcans sociaux. Il veut glisser sur les « rails magiques » de l'existence, de paysage en paysage, d'ami en ami, d'émotion en émotion.

Quels rails magiques, ou plutôt maléfiques, l'ont ramené aujourd'hui dans cette Allemagne, ou, à seize ans, adolescent barrésien, il avait tenté de se suicider en se jetant dans le Rhin ? Quand viendra l'heure des justifications, André Fraigneau dira y avoir été dépêché à la place de son patron, l'éditeur Bernard Grasset.

Peut-être. En vérité, dès le début de l'année 1941, Fraigneau, qui donne des textes littéraires à la *NRF* de Drieu et à *Je suis partout*, a noué des liens d'amitié avec Gerhard Heller, pour qui il s'est révélé un introducteur précieux dans le Tout-Paris intellectuel. Membre du comité de lecture de Grasset, ce garçon au sens critique féroce règne sur la pile des manuscrits arrivés rue des Saint-Pères. C'est lui qui, de conserve avec Henry Muller, a refusé *Le Fil de l'épée*, manuscrit d'un militaire peu connu, Charles de Gaulle, faute d'avoir su le distinguer des envois de raseurs galonnés. Mais c'est lui qui a fait publier les livres de Paul Nizan et soutenu à bout de bras Marguerite Yourcenar, malgré l'insuccès de ses premiers essais. La jeune femme a d'ailleurs brûlé pour lui d'un amour voué à rester platonique : Fraigneau, lié à Jean Cocteau, à Maurice Sachs, est un membre en vue de la vie homosexuelle parisienne. Par dépit amoureux, Yourcenar, en 1939, l'a dépeint dans son roman *Le Coup de grâce* sous les traits d'un implacable junker antibolchevique, assez différent de l'âme sensible Guillaume Francœur, malgré un goût commun des amitiés viriles.

Comme avant la guerre, Fraigneau continue à présent d'arpenter l'Europe à la recherche de ses plaisirs — quitte, en la circonstance, à jouer les utilités dans cette délégation d'écrivains d'âge mûr. Quel mal y a-t-il à cela ? Après tout, soulignait-il dans son plus récent livre, *La Fleur de l'âge*, Watteau peignait bien ses embarquements pour Cythère au crépuscule du règne de Louis XIV, au milieu des défaites militaires et d'atroces famines. La jeunesse n'attend pas, la beauté n'a pas d'époque : *carpe diem*.

Ce soir, à Berlin, avant de regagner la France, André Fraigneau connaît justement des heures exaltantes, l'un de ces moments magiques pour lesquels il donnerait tout. Dans l'élégante salle blanche et rouge du *Schauspielhaus*, il assiste avec ses confrères écrivains à la représentation du *Faust* de Goethe.

Plus qu'à une pièce de théâtre, c'est à une cérémonie religieuse que le conseiller littéraire de la maison Grasset a le sentiment de participer[1]. La pièce se joue à guichets fermés : les Berlinois font même la queue la nuit pour avoir la chance d'assister à une représentation. Dans la salle, le public, où l'on reconnaît de nombreux permissionnaires du front de l'Est à leurs uniformes, garde, pendant les cinq heures que va durer la représentation, un extraordinaire recueillement. La sobriété de la mise en scène, l'intensité du jeu des acteurs — parmi lesquels l'immense Gustaf Gründgens — servent à la perfection le texte sacré de la culture allemande. Esthète jusqu'au bout des ongles, André Fraigneau est transporté par ce spectacle total, mais concentré sur l'essentiel, qui répudie tout pittoresque romantique pour mieux mettre en valeur le drame éternel qui se joue sur scène.

Au sommet de sa pyramide de recherches éboulées, Faust, quinquagénaire en révolte, tonne son désespoir.

« Puis, écrira Fraigneau, surgi on ne sait d'où, poussé comme une fleur magnifique au pied du lutrin de Faust, Méphisto, assis en Bouddha, nous apparut... »

---

1. A. Fraigneau, « *Faust* à Berlin », *Comœdia* du 15 novembre 1941.

7

L'« exploitation »

Ils nous ont vanté nos bourreaux
Ils nous ont détaillé le mal
Ils n'ont rien dit innocemment

Belles paroles d'alliance
Ils vous ont voilées de vermine
leur bouche donne sur la mort

Jean DU HAUT (Paul ELUARD).

En cette fin de l'année 1941 les allées et venues de personnalités furent incessantes gare de l'Est. Avant même que Drieu, Brasillach, Bonnard aient regagné la France, une autre délégation composée de peintres, de sculpteurs et d'officiels du monde de l'art partait pour un voyage de deux semaines outre-Rhin. Parmi eux, une étrange sur-représentation de « fauves » : André Derain, Maurice de Vlaminck, Cornelis Van Dongen, Othon Friesz, mais aussi les sculp-

151

teurs « pompiers » Paul Belmondo et Charles Despiau, ou encore le directeur des Beaux-Arts Paul Landowski, tous sélectionnés par Karl Epting parmi les représentants de la « tradition française ». Leur guide était un officier du nom de Heinrich Ehmsen, chargé de la censure des arts à la Propaganda Staffel parisienne, un ami de Gerhard Heller. Le circuit des artistes, passant par Berlin, Munich, Nuremberg, Dresde, Potsdam, Düsseldorf et Vienne recoupa par endroits celui des écrivains : ils visitèrent la nouvelle chancellerie et furent reçus à déjeuner par l'inévitable Arno Breker, lié à Despiau. Après coup, Paul Landowski, notamment, regrettera amèrement ce voyage, accompli, selon lui, contre la promesse de la libération d'élèves des Beaux-Arts prisonniers en Allemagne.

Fin novembre, vint le tour des musiciens. Sous prétexte de célébrer le cent cinquantième anniversaire de la mort de Mozart, plusieurs compositeurs réputés, dont Florent Schmitt et le Suisse Arthur Honegger, mais aussi le directeur de l'Opéra Jacques Rouché et le critique musical François Vinneuil, *alias* Lucien Rebatet, furent pendant une semaine les invités des « fêtes Mozart » à Vienne. Au programme, les cinq opéras majeurs dirigés par Karl Boehm, Clemens Krauss, Hans Knappertsbusch, le *Requiem* par

152

Wilhelm Furtwängler, les sérénades exécutées par le pianiste Edwin Fischer, etc. Les voyageurs furent les hôtes du vieux Richard Strauss en son palais et, comme les écrivains avant eux, de Baldur von Schirach pour un dîner de gala. Le 5 décembre, sur la place de la cathédrale Saint-Etienne de Vienne, les représentants de dix-sept nations européennes déposèrent des couronnes devant une torche symbolisant la mémoire de Mozart.

Enfin, quelques mois plus tard, en mars 1942, quatrième et dernier voyage, celui sans doute qui eut le plus d'impact sur le grand public : la tournée des vedettes de cinéma. Invités par le Pr Carl Froelich, président de la *Reichsfilmkammer*, à l'occasion de la sortie en Allemagne du film *Premier Rendez-Vous* d'Henri Decoin, produit par la société allemande Continental films, Danielle Darrieux, Viviane Romance, Junie Astor, Suzy Delair, Albert Préjean, René Dary accomplirent un périple Berlin-Vienne-Munich. « Qu'il doit être doux et troublant, l'instant du premier rendez-vous », roucoule la chanson du film.

En fait de rendez-vous, les étoiles du cinéma français furent reçues par Magda et Joseph Goebbels — conscient au plus haut point de l'importance du cinéma comme outil de propa-

153

gande, et au surplus grand amateur d'actrices. Ils visitèrent une usine employant deux mille compatriotes, saluèrent Harry Baur sur un tournage dans les studios de la UFA, de même que le réalisateur de *L'Opéra de quat' sous* Pabst, assistèrent à Vienne à une représentation de la *Salomé* de Richard Strauss dirigée par le maître. A leur retour, les journaux se feront l'écho de l'émerveillement des acteurs et actrices devant la parfaite organisation des studios allemands. Titre d'un journal stipendié : « Hollywood n'existe plus... disent les artistes français à leur retour d'Allemagne » (*La Semaine* du 9 avril 1942).

Ecrivains, peintres, musiciens, artistes de cinéma... Autant de voyages parallèles qui prouvent qu'en ces années 1941-1942 une offensive de charme en direction des milieux culturels, et à travers eux du public français, avait été planifiée en haut lieu. Menées conjointement par le ministère de la Propagande et l'ambassade, ces opérations de relations publiques accréditaient l'idée d'une « main tendue » à la France. Contribuant à anesthésier l'opinion publique, elles tentaient de dresser un séduisant paravent devant une réalité autrement plus noire et criminelle, devant le pillage économique et la répression policière, au moment même où celle-ci s'intensi-

154

fiait. Goebbels posait au passage les jalons de son rêve, consistant à « absorber la culture française dans un ensemble européen afin d'anéantir son rayonnement ».

Aucun de ces voyages publicitaires, sans doute, ne fit couler autant d'encre que celui des écrivains. Les hommes de lettres, par définition, sont diserts. A titre de comparaison, sur les treize participants du voyage des peintres et sculpteurs, trois seulement se sont exprimés dans les journaux à leur retour. Or, à peine débarqués gare de l'Est — où un cliché appelé à devenir célèbre saisit Drieu, Brasillach, Fraigneau et Bonnard au milieu de leurs anges gardiens allemands —, les sept pèlerins de Weimar sans exception vont payer leur écot par des articles conformes à l'attente de leurs mentors.

En guise de préambule, une petite fête entre amis. Le mardi 4 novembre 1941 a lieu en l'honneur des écrivains français tout juste rentrés d'Allemagne une réception au « Club de la Presse » de la Propaganda Staffel, un endroit très apprécié des journalistes français qui peuvent y déguster en ces temps de pénurie du vrai café et des gâteaux. Jacques Chardonne, Abel Bonnard et Robert Brasillach confient leurs impressions de voyage en avant-première à un public mixte, où l'on reconnaît le chef de la Propaganda Abteilung, le major Heinz Schmidtke, ami personnel de Goebbels, des conseillers de l'ambassade d'Allemagne, et, côté français, la plupart des directeurs et rédacteurs en chef des quotidiens et hebdomadaires publiés à Paris.

Ce soir-là, Chardonne proclama qu'« au départ de la " caravane ", plusieurs parmi ceux qui la composaient n'étaient pas très favorables à l'Allemagne, mais qu'au retour les écrivains étaient au contraire unanimes à faire entièrement confiance au peuple allemand et aux bienfaits que notre pays pourrait retirer de son amitié et de son concours [1] ». Si Chardonne lui-même était, comme on l'a vu, acquis à la collaboration dès avant son départ outre-Rhin, il en est revenu dans un état de véritable exaltation, grisé par le triomphe personnel que lui ont valu ses discours à Weimar.

Ensuite, une rafale d'articles s'abat sur les lecteurs de la presse parisienne. C'est Robert Brasillach qui ouvre le feu par une salve de trois reportages dans le quotidien *Le Petit Parisien*, le plus important tirage de l'époque : « J'ai parlé à Berlin aux ouvriers français » (en « une », 4 novembre 1941), « Le congrès de Weimar »

---

1. « L'Allemagne vue par des écrivains français », *Paris-Soir* du 7 novembre 1941.

(5 novembre), « L'art et les artistes du IIIe Reich »
(7 novembre). Il récidive aussitôt, sous une
forme plus soignée, dans son propre hebdomadaire, *Je suis partout* (8 novembre).

Simultanément, dès le 5 novembre, à la une
de *Paris-Soir*, c'est Ramon Fernandez qui raconte
« Ce qu'[il] vien[t] de voir en Allemagne ». Le lendemain, rebelote par le même à la une de *La
Gerbe*, « l'hebdomadaire de la volonté française »
dirigé par Alphonse de Châteaubriant. La semaine
suivante, c'est Jacques Chardonne qui confie à la
même feuille pro-nazie, financée par l'ambassade
allemande et conseillée par le groupe Schrifttum
de la Propaganda, ses impressions sous le titre
« Voir l'Allemagne ». Le chapeau de l'article explique au lecteur que « des Français d'élite » ont
effectué en Allemagne « un grand voyage de
consultation, d'interrogation et de contrôle » !
André Fraigneau, lui, évoque ses émotions théâtrales dans la page « Connaître l'Europe » de
l'hebdomadaire culturel *Comœdia* : « *Iphigénie* à
Weimar » (8 novembre), et « *Faust* à Berlin »
(15 novembre), avec en illustration le masque
mortuaire de Goethe.

Evidemment, la Propaganda Staffel suit de
très près cette campagne de presse. A la mi-
novembre, Gerhard Heller peut écrire dans un
rapport : « La participation des écrivains fran-

çais au voyage en Allemagne et aux rencontres poétiques de Weimar ont [*sic*] trouvé un grand écho dans la presse quotidienne parisienne et dans les périodiques. L'exploitation du voyage va être poursuivie. Les participants doivent principalement prendre la parole dans les mensuels [1]. »

Et pas n'importe lesquels, puisqu'il s'agit de *La Nouvelle Revue française*. Après que Ramon Fernandez eut raconté le congrès de Weimar dans *Comœdia* du 22 novembre (texte repris le 5 décembre suivant dans *L'Emancipation nationale*, organe du PPF en zone libre), c'est Marcel Jouhandeau qui livre son « témoignage » dans la *NRF* de décembre, son premier texte politique depuis la défaite. Ce sera le seul.

« Oui, je suis venu en Allemagne, écrit-il dans une prose à l'emphase pseudo-latine. J'ai voulu voir ; j'ai vu un grand peuple à l'œuvre, tellement calme dans son labeur qu'on ignorerait qu'il est en guerre [...] J'ai vu un peuple discipliné et, quand on m'avait promis des esclaves, j'ai vu des hommes libres [2]. »

---

1. « Lagebericht der Propaganda Abteilung Frankreich für die Zeit vom 1-15-11-41 », Bundesarchiv-Militärarchiv, Fribourg-en-Brisgau, RW 4/V 220. Compte rendu similaire dans un rapport de la Propaganda Staffel parisienne.

2. M. Jouhandeau, « Témoignage », la *Nouvelle Revue française* de décembre 1941, p. 649.

Jouhandeau affirmera plus tard que Drieu, ne souhaitant pas le voir se compromettre plus avant, l'avait mis en garde contre la publication de ce texte, mais que, ayant donné sa parole « à quelqu'un » — Gerhard Heller, évidemment —, il avait passé outre.

Aucun des écrivains n'oubliera d'accomplir son devoir de propagandiste. Le 26 décembre, Abel Bonnard confie ses très plates « impressions d'Allemagne » à *L'Emancipation nationale*. En janvier 1942, Drieu La Rochelle, avec sa nonchalance coutumière, ferme la marche, dans la *Nouvelle Revue française*. L'inquiétude perce entre les lignes de son texte, assez décousu, sur l'« Allemagne européenne », où il maintient son credo : « J'aime trop la force, j'ai trop admiré son déploiement dans mon pays à ses belles époques, et trop désespérément souhaité sa renaissance, pour ne pas la saluer là où elle est et tâcher d'en ramener sur les miens les avantages dont nous ne sûmes plus nous faire les initiateurs [1]. »

Au total, une quinzaine d'articles, à quoi s'ajoutent plusieurs conférences, objets elles aussi de comptes rendus, et des interviews sur

1. P. Drieu La Rochelle, « L'Allemagne européenne », la *Nouvelle Revue française* de janvier 1942, p. 109.

Radio-Paris. Quotidiens à grand tirage, journaux d'opinion, périodiques culturels, toute la presse a été méthodiquement quadrillée.

Selon sa personnalité, chaque écrivain a insisté sur un aspect particulier. Toujours en quête d'un homme fort, Fernandez a surtout été impressionné par Goebbels. Brasillach a vibré pour le romantisme de l'Allemagne passée et présente, Drieu pour le combat éternel des Germains contre les Slaves. Le vaniteux Bonnard s'est montré sensible aux marques de considération prodiguées aux Français, tandis que Fraigneau a été marqué par l'esthétique théâtrale, et Jouhandeau par Hans Baumann, « ce jeune poète, espoir des lettres allemandes, qui maintenant se compromettrait peut-être pour me porter secours à moi et aux miens ».

Avec une unanimité suspecte, tous brossent le tableau d'une Allemagne calme, laborieuse, aux nerfs d'acier, sur laquelle les bombes anglaises ont l'effet de piqûres de moustiques. Le peuple allemand qu'on dit asservi regorge d'individus remarquables : il connaît seul la vraie liberté, qui n'a rien à voir avec la cacophonie démocratique. Loin d'être ennemie de la culture, l'Allemagne nazie révère ses grands écrivains et, à l'Est, se bat victorieusement au service de la culture européenne. Les célébrations de Weimar, où écrivains français et allemands collaborent déjà dans l'harmonie, prouvent qu'une Europe de l'esprit est en marche, préfiguration d'une Europe politique dont l'Allemagne sera l'épine dorsale, mais où chaque nation gardera sa personnalité. Le leitmotiv le plus insistant est sans doute l'accueil plein de délicatesse réservé aux ambassadeurs des lettres françaises. Non seulement les Allemands se montrent dépourvus de toute morgue, mais ils semblent tout prêts à s'incliner devant la supériorité française ! Conclusion plus ou moins explicite de cette gerbe de « reportages » : la France, rompant avec un attentisme frileux, doit prendre sa part au sacrifice formidable que consent l'Allemagne dans sa croisade contre le bolchevisme, ne serait-ce qu'en fournissant ses travailleurs.

De tous les participants, Drieu La Rochelle est le seul à prendre la peine de réfuter longuement l'objection qui se présente à l'esprit du lecteur : au cours de leur prétendu « voyage de consultation, d'interrogation et de contrôle », les observateurs français n'ont vu que ce que la propagande allemande a bien voulu leur montrer. A cela, l'auteur du *Jeune Européen* rétorque qu'il a toujours été un voyageur « extrêmement sceptique » : plusieurs années auparavant, un voyage accompli en Amérique du Sud l'a mis en garde contre l'écran que dressent devant les réalités locales les interlocuteurs les mieux intentionnés. Toutefois, en un siècle de propagande, soutient Drieu, il vaut mieux que celle-ci soit faite « ouvertement et complètement », comme c'est le cas dans les « pays totalitaires », « qu'à demi et par des chemins détournés ou incertains » ! « Je sais tout ce que je n'ai pas vu dans cette nouvelle randonnée trop brève en Allemagne, reconnaît-il. Mais il y a les recoupements avec plusieurs autres randonnées. Et il y a surtout cette profitable immobilité dans laquelle je m'assure toujours, attendant que les renseignements m'arrivent comme au sauvage dans la savane par les ondes de l'air. Une odeur au coin d'une rue en dit plus que deux heures de conversation. Et deux heures de conversation avec un inconnu en apprennent plus que deux heures de conversation avec un homme célèbre [1]. »

Quant à la valeur littéraire de ces articles... Aussi creuse que pompeuse, la rhétorique extasiée des écrivains de retour d'Allemagne reste la plupart du temps assez grossière. Seul Brasillach, dans *Je suis partout*, s'élève au-dessus d'une phraséologie de circonstance pour revêtir

---

1. P. Drieu La Rochelle, « L'Allemagne européenne », art. cit., p. 108-109.

ces journées de Weimar de la patine poétique, un peu frivole, qui est sa marque propre. On peut en dire autant de Fraigneau qui parvient à transmettre ses émois théâtraux. « *Viel talent* » (beaucoup de talent), notait à son propos un rapport de la Propaganda...

Les retombées médiatiques du voyage ne se limitent pas à ces comptes rendus serviles. Par les soins des services de Goebbels, qui imposent chaque semaine aux cinémas de la zone occupée des « Actualités mondiales » fabriquées en Allemagne par des réalisateurs talentueux et bénéficiant de gros moyens, les spectateurs français, qui n'ont jamais été aussi nombreux à chercher l'oubli dans les salles obscures, ont pu voir durant la semaine du 14 novembre 1941, entre un sujet sur un combat de boxe au Vel' d'Hiv' (le champion blanc Despeaux corrige le Noir Diouf) et des séquences sur la guerre à l'est, un reportage sur la participation de leurs compatriotes au congrès de Weimar. En quelques plans efficaces — vue de la statue de Goethe et Schiller, images bucoliques de Weimar, procession des écrivains pénétrant dans la maison de Goethe —, le message est instillé : grâce à l'Allemagne se crée « un courant d'échanges culturels dans la nouvelle Europe ». On aperçoit fugitivement Drieu La Rochelle en grande discussion avec des confrères autour d'une table. Et la séquence finit sur le visage du Dr Goebbels, inaugurant la Semaine du livre allemand, « une des plus importantes manifestations biblio-philiques d'Europe », lance le speaker, triom-phal [1].

L'« exploitation » du voyage des écrivains fran-çais va se conclure en beauté, si l'on ose dire, dans l'édition française de *Signal*. Dans son pre-mier numéro de l'année 1942, ce magazine consacre un reportage photographique aux « lettres françaises accueillies en Allemagne ». On y voit Drieu La Rochelle, Abel Bonnard, André Fraigneau visiter l'atelier d'Arno Breker et causer avec le sculpteur. Agréable rencontre de gentlemen en costumes croisés, parmi les nudi-tés musclées des statues, qu'encadrent dans le magazine des récits d'opérations-commando sur le front de l'Est. Les légendes des photos insis-tent sur le titre d'académicien d'Abel Bonnard, et sur le fait que Drieu La Rochelle dirige la *NRF*, « revue qui s'intéresse aux problèmes nationaux-socialistes et fascistes ».

Selon Gerhard Heller, le voyage à Weimar avait pour but de « favoriser le développement

1. « Actualités mondiales », journal n° 68 du 14 novembre 1941 (Institut National de l'Audiovisuel).

culturel français » et de « multiplier les rencontres avec la culture allemande et les autres cultures d'Europe [1] ». A en juger par ces articles, son but et son résultat étaient surtout de favoriser l'impérialisme allemand en ravalant des écrivains français au rang de simples porte-voix de l'Allemagne nazie. Les occupants sont parfaitement conscients de l'influence qu'exerce la littérature sur l'opinion publique en France, sans commune mesure avec celle de la littérature allemande. Un homme de lettres qui leur est acquis, et c'est tout un public d'admirateurs qui tombe, escomptent-ils, dans leur escarcelle. Raisonnement quelque peu sommaire, mais non dénué de pertinence si l'on songe, par exemple, à l'impact du livre de Robert Brasillach publié en cette même année 1941, *Notre Avant-Guerre*, itinéraire sentimental vers le fascisme, mais aussi merveilleux diaporama où défilent l'Ecole normale et l'Exposition coloniale, le Front populaire et les pièces des Pitoëff, la guerre d'Espagne et la douceur de vivre, malgré tout, en ces années menacées. Mais, plus encore que l'engagement des Brasillach et des Drieu, fascistes notoires, le racolage feutré pratiqué à leur retour d'Allemagne par un Chardonne ou un Jouhandeau,

1. G. Heller, *Un Allemand à Paris, op. cit.*, p. 68.

165

nettement moins marqués politiquement, revêt un intérêt évident pour la propagande allemande. Il faut l'aveuglement halluciné d'un Louis-Ferdinand Céline, dominé par ses obsessions, pour ne pas voir l'efficacité — relative — de la manœuvre. Dans une lettre publiée par le journal *L'Appel* le 4 décembre 1941, il fulmine : « De tous les écrivains français revenus récemment d'Allemagne, un seul nous a-t-il donné quelques impressions sur le problème juif en Allemagne en 1941 ?... Ils ont tous ergoté, tergiversé autour du pot [...] Au fond, il n'y a que le chancelier Hitler pour parler des Juifs. »

Goebbels, lui, voit plus loin. Le 15 février 1942, tirant la leçon de ces opérations publicitaires, il note dans ses *Carnets* : « La propagande dans le domaine de la culture reste toujours la plus efficace à l'égard des Français. Aussi vais-je encore l'intensifier. »

Comme on l'imagine, l'enthousiasme des écrivains français revenus d'Allemagne n'a pas manqué de faire quelques remous, y compris dans leur entourage. Sans aller jusqu'à rompre avec Jouhandeau, Jean Paulhan l'a vertement sermonné, lui reprochant la facilité avec laquelle il s'est laissé manipuler à coups d'honneurs et de flatteries. De son côté, Marcel Arland a quelque

166

temps tourné le dos à son ami Chardonne, le trouvant changé à son retour de Weimar [1].

Le battage publicitaire fait autour du voyage allemand des hommes de lettres n'a évidemment pas échappé à la Résistance. Dans ses publications de fortune, en butte à la répression policière, la presse clandestine a dénoncé avec virulence ce déshonneur des poètes. C'est ainsi que, le 16 décembre 1941, *L'Université libre*, hebdomadaire ronéotypé de quatre pages, animé par le jeune scientifique Jacques Solomon, le philosophe Georges Politzer et le professeur d'allemand et écrivain Jacques Decour (de son vrai nom Daniel Decourdemanche), tous trois responsables des intellectuels et des étudiants communistes, publie une lettre ouverte « à MM. Bonnard, Fernandez, Chardonne, Brasillach, etc., anciens écrivains français ».

Ce texte d'une lucidité exemplaire, et à certains égards prophétique, mérite d'être cité en entier. Son auteur, parlant au nom des « écrivains français », interpelle chacun des participants du voyage :

1. Voir une lettre de Paulhan à Jouhandeau de 1942, datée « dimanche », conservée à l'IMEC, et une lettre de Chardonne à Jouhandeau du 23 novembre 1941 (Bibliothèque Jacques-Doucet, JHD. C. 5721).

« Monsieur,

« Vous revenez d'Allemagne.

« Tandis qu'à Paris la Gestapo emprisonnait cinq membres de l'*Institut de France*, vous alliez, " invité " par l'*Institut allemand*, prendre à Weimar et à Berlin les consignes de M. Goebbels. Serait-ce là *votre* conception du patriotisme ?

« En 1807, dans Berlin occupé par les troupes françaises, Fichte attaquait publiquement les écrivains allemands qui travaillaient pour l'ennemi et qui faisaient l'apologie de l'ordre nouveau, de la " monarchie universelle " dans laquelle Napoléon réservait à l'Allemagne une " place d'honneur ". " Nous sommes vaincus, disait Fichte, mais il dépend de nous de ne pas perdre encore notre honneur. Il s'agit maintenant de mener la lutte sur le plan spirituel. Donnons aux Français le spectacle de notre fidélité à la patrie et à nos amis. Ne leur donnons pas l'occasion de nous mépriser. "

« Honneur, fidélité, patrie : pourquoi faire sonner à vos oreilles des mots dont le sens vous échappe ? Vous saviez, en partant pour l'Allemagne, exactement ce que vous faisiez. Vous saviez que l'Allemagne hitlérienne poursuit l'anéantissement de la culture française, que sa police jette en prison les écrivains suspects de patriotisme ; que ses prétendus services de propagande ont pour tâche d'étouffer toute manifestation de la pensée française, et d'abaisser systématiquement le niveau de la production littéraire française ; vous saviez — car les dirigeants hitlériens n'en font pas mystère — que l' " ordre nouveau " réserve à Paris un rôle d'obscure ville de province, que Berlin rêve de devenir la capitale intellectuelle d'une Europe asservie.

« Vous saviez que la plus grande honte pour un écrivain, c'est de participer à l'assassinat de la culture nationale dont il devrait être le défenseur.

« Vous ne l'ignorez pas. Mais vous êtes parti, car vous ne vous souciez ni de la France, ni de sa culture. Vous avez renoncé au beau titre d'écrivain français, à ce titre lourd d'honneur, de responsabilité, de danger. Vous avez mieux aimé vous attacher comme esclave au char de l'ennemi que de mener la lutte glorieuse contre la barbarie.

« Au reste, votre mission, dans ce voyage, n'était que de simple figuration. Plus précisément, vous avez servi de *masque*. La barbarie connaît son propre visage : elle n'ose, comme le loup de la fable, se présenter au monde sous des traits si horribles. Le vandale cherche à persuader l'opinion civilisée qu'il respecte les choses de l'esprit. Dans ce but, il organise des réunions de bateleurs, il met en scène de vastes mascarades, comme ces " cérémonies " de Weimar, où ceux qui renient chaque jour l'humanisme goethéen, sont venus s'incliner hypocritement devant la tombe de Goethe.

« Goebbels à Weimar, c'est Méphisto pérorant dans le rôle de Faust. Hélas ! le pied fourchu paraît, et la farce est déjouée. Mais il reste que, dans cette tentative d'escroquerie, vous aurez servi d'homme de paille.

« Cette attitude, c'est vous qui l'avez choisie. Vous avez choisi de n'être plus écrivain, de n'être plus français. Mais la littérature continue. Sans vous. Contre vous.

« Vous avez choisi l'abdication, la trahison, le suicide.

« Nous, écrivains français libres, nous avons choisi la dignité, la fidélité, la lutte pour l'existence et la gloire de nos lettres françaises.

« Signé : les écrivains français [1]. »

Arrêtés tous trois au mois de février 1942 par la police française et livrés aux Allemands, Jacques Solomon, Georges Politzer et Jacques Decour, principaux animateurs de *L'Université libre* où est publié ce texte, ont été fusillés au mont Valérien en mai 1942. Cette lettre ouverte doit sans doute être attribuée à Jacques Decour, dont

1. *L'Université libre* du 16 décembre 1941.

170

l'éloge funèbre dans la revue clandestine *Les Lettres françaises* indique que « son mépris était immense pour l'hitlérisme barbare. Plus grand encore pour ceux qui, ayant abdiqué leur intelligence, se sont associés à lui [1]. » Germaniste, Jacques Decour avait brillamment analysé dans ses écrits le national-socialisme, sa trahison de l'humanisme allemand, mais aussi son inscription dans une certaine tradition germanique. Ecrivain, il avait chroniqué dans la *NRF* le *Présence de Virgile* de Brasillach et *L'Europe contre les patries* de Drieu ; en 1940, il avait traduit *Les Secrets de la maturité* de Hans Carossa pour les éditions Stock dirigées par Chardonne.

Si ce beau texte courageux se borne à faire des Drieu, Chardonne et consorts les hommes de paille d'une escroquerie intellectuelle, d'autres commentateurs insisteront sur les bénéfices concrets que les pèlerins de Weimar retirent de leur pacte avec Goebbels-Méphisto. Dès la mi-octobre, dans son journal intime, l'écrivain Jean Guéhenno écrasait sous un mépris ironique ces confrères qui s'avilissent pour quelques égards, pour quelques marks : « On a des nouvelles des écrivains français en Allemagne. L'un d'eux écrit

---

1. « Adieu à Jacques Decour », *Les Lettres françaises*, n° 1 septembre 1942.

qu'on est pour eux aux petits soins. On leur distribue chaque matin pour leurs menus frais (cigarettes, etc.) quelque argent de poche [1]. »

Plus que des rétributions matérielles, ce sont bien évidemment des avantages de carrière que les sept hommes de lettres sont soupçonnés de poursuivre. Et si tant de ferveur de leur part pour l'Europe nouvelle cachait un arrivisme sans vergogne, et si l'engagement aux côtés des maîtres de l'heure était d'abord un moyen de se pousser dans la foire aux vanités littéraires ? Cette accusation est avancée notamment dans les articles argumentés que Raymond Aron consacre, depuis Londres, à la dérive des Chardonne et des Drieu.

Elle n'est évidemment pas sans pertinence. Drieu, on le sait, avant de prendre avec le soutien d'Abetz la direction de la *NRF*, jubilait avec une joie mauvaise à l'idée de faire « ramper à ses pieds cet amas de Juifs, de pédérastes, de surréalistes timides, de pions francs-maçons ». Son heure était venue, il tenait enfin la vedette, lui qui n'était l'auteur que de livres talentueux mais inaboutis. Les motivations d'Abel Bonnard sont du même ordre. C'est un moraliste de boudoir,

1. Jean Guéhenno, *Journal des années noires*, 24 octobre 1941, Paris, Gallimard, 1947, rééd. « Folio » 1973, p. 201.

dont personne ne peut citer un seul ouvrage, note cruellement *L'Université libre* [1]. Il ne doit sa position académique, loin de toute littérature authentique, qu'à une éloquence de causeur mondain, et sa « gloire » actuelle qu'à son engagement pro-allemand.

Chardonne est à première vue au-dessus de tout soupçon. A la Libération, Jean Paulhan, François Mauriac, George Duhamel, ses témoins de moralité, feront chorus pour affirmer que, si leur confrère a pu se tromper, ce n'était pas pour des raisons vulgaires. « Il s'est trompé, écrit Mauriac le 21 décembre 1945, mais j'atteste qu'il n'a obéi à aucun motif bas et qu'il n'a pas cherché son intérêt. » « Je sais du moins que ses erreurs mêmes sont nobles », renchérit Paulhan, qui pourtant, au début de l'Occupation, jugeait Chardonne « intéressé ». Pratiquant un art exigeant, tout en demi-teintes, Chardonne a toujours affirmé se satisfaire de son public de *happy few*, semblable aux négociants en cognac de ses romans qui se refusent à transiger sur la qualité pour plaire au plus grand nombre. S'il a raté d'un cheveu le prix Goncourt pour *L'Epithalame*, puis le Fémina, son roman *Claire* a obtenu en 1932 le grand Prix du roman de l'Académie fran-

---

1. *L'Université libre* du 30 avril 1942.

çaise, et connu un réel succès. Comme il l'a confié au Finlandais Arvi Kivimaa, son engagement pro-allemand lui a probablement fait perdre une partie de ses lecteurs. Cependant, certains, comme André Fraigneau — est-ce par malveillance ? —, disent le romancier des *Destinées sentimentales* jaloux des tirages phénoménaux de son vieil ami Paul Géraldy, l'auteur de *Toi et moi* [1].

Comme toujours, c'est Jouhandeau qui, interrogé après la guerre sur les motivations de son escapade, lâchera le morceau au détour d'une interview : oui, les Allemands avaient bien attiré les écrivains en Allemagne « en leur promettant parfois, cela va de soi, une place dont ils n'avaient pas toujours joui avant la guerre et qu'ils auraient sûrement dans une France enfin « rénovée ». « Argument, précise-t-il aussitôt, qui me touchait peu, vous vous en doutez [2]. » Est-ce si sûr ? Ce n'est que dans les années cinquante, grâce au lancement fracassant d'un de ses livres par Grasset, et au prix de quelques cabotinages médiatiques, que Jouhandeau atteindra une célébrité à la mesure de son talent de styliste, après avoir publié plusieurs dizaines d'ouvrages dans une semi-confidentialité.

1. Voir Jean Grenier, *Sous l'Occupation*, p. 183.
2. Henri Rode, *Marcel Jouhandeau*, p. 88.

Les voyageurs de Weimar ont, en tout cas, retiré un avantage immédiat de leur excursion outre-Rhin : des traductions en langue allemande.

En effet, à l'issue des rencontres de Weimar, Goebbels a ordonné que les œuvres des adhérents de l'Association des écrivains européens soient traduites et promues en Allemagne. Il s'agissait de récompenser ainsi ces auteurs et de compenser un éventuel boycott. Mais surtout, de les exhiber comme des preuves vivantes du ralliement des élites des pays occupés au nouvel ordre européen. Après la guerre, Chardonne prétendra pourtant, dans un mémoire justificatif du 10 février 1946, avoir « interdit que [s]es livres soient publiés en langue allemande ». Il n'en est rien. Dans une lettre à Henri Fauconnier, le 23 août 1943, il se désole de voir la traduction en langue allemande de son livre *Attachements* compromise par les bombardements alliés sur Hambourg, où se trouve le siège de son éditeur allemand.

En outre, une lettre de son ami Hans Carossa à Carl Rothe, du 16 mai 1943, semble indiquer que, la même année, une candidature de Chardonne à l'Académie française était envisagée.

Tant de compromissions ont-elles au moins servi, en ces temps dramatiques, à soulager certaines souffrances ? Evidemment, quand arrivera l'heure des comptes, ce sera l'argument avancé par quelques-uns des congressistes de Weimar. Comme ce fut le cas avec les peintres et sculpteurs, on aurait fait miroiter aux écrivains français, en échange de leur participation, la libération de compatriotes prisonniers dans les Stalags. Marcel Jouhandeau aurait ainsi été chargé par le directeur du pensionnat où il enseigne d'obtenir la libération de son adjoint retenu prisonnier en Allemagne. « Evidemment, je n'ai rien pu faire pour qui que ce soit », dira Jouhandeau. Voilà qui est clair et net [1].

Chardonne, lui, dans un livre rédigé en 1945, *Détachements*, évoque, énigmatique, « un talisman rapporté de certain voyage que l'on aurait tort de critiquer avant d'en connaître le but, et de savoir qui en fut l'instigateur et qui en eut les profits [2] ». Il se montre plus précis dans un mémoire inédit du 8 mars 1945, où il énumère parmi les conséquences positives de son voyage outre-Rhin l'« amélioration du régime des intellectuels prisonniers », et surtout la surveillance des écrivains français « soustraite à la Gestapo » et « confiée à l'Institut allemand », de sorte

1. Jacques Danon, *Entretiens avec Elise et Marcel Jouhandeau*, p. 100.
2. J. Chardonne, *Détachements*, Paris, Albin Michel, 1969, p. 73.

« qu'aucun écrivain ne puisse être arrêté en France sans la permission de l'Institut ». Et Chardonne de citer ses interventions en faveur de Georges Duhamel, François Mauriac, Marcel Arland, Maurice Goudeket (le mari de Colette), Max Jacob (mort à Drancy), Louis Aragon, dont il aurait été en quelque sorte l'ange gardien. « Cela, ajoute théâtralement Chardonne, ne pouvait être obtenu qu'à Berlin, et c'était la première raison de mon voyage [1]. » Une version des faits qui a tout d'une reconstruction *a posteriori*. On a vu que les raisons profondes de la participation de Chardonne au voyage de Weimar sont d'abord idéologiques.

Il n'en reste pas moins qu'avec une générosité indéniable Chardonne est bien intervenu avec succès en 1943, par l'entremise de Heller, pour faire libérer de son camp de prisonniers de guerre l'écrivain Raymond Guérin. Dans le cas des autres écrivains mentionnés, il est plus difficile de trouver trace tangible de son intervention. Ils furent nombreux à pouvoir se prévaloir comme Chardonne d'avoir tiré Maurice Goudeket du camp de Compiègne, le sauvant de justesse de la déportation en Allemagne : Drieu, Brasillach, Sacha Guitry, José-Maria Sert... Inca-

1. Archives de La Frette.

pable des basses dénonciations des Céline et des Rebatet, le gentleman charentais avait l'esprit assez large pour se préoccuper de la sécurité de certains de ses confrères qui avaient d'autres opinions que lui, et même réprouvaient son engagement. Des esprits soupçonneux ne manqueront pas de voir là, cependant, des contre-assurances pour la suite des événements, au cas où le vent tournerait.

Mais Chardonne ne pouvait prévoir que ses deux séjours à Weimar (car il a participé une seconde fois en octobre 1942 aux *Dichtertreffen* [1]) serviraient surtout à obtenir une autre libération, qui le touche de plus près : celle de son propre fils, Gérard.

Marié à une Anglaise, installé en Tunisie auprès d'André Gide, Gérard Boutelleau (le vrai patronyme de Chardonne) ne partageait pas les opinions de son auguste père. Arrêté en mars 1943 sous l'accusation d'espionnage au profit des Anglo-Américains, il fut déporté, en même temps que d'autres résistants de Tunisie, au camp de concentration d'Orianenburg-Sachsen-hausen, situé aux portes de Berlin, dans le pay-

1. La délégation française au congrès de Weimar en octobre 1942 se composait de Chardonne, Drieu La Rochelle, Fraigneau, André Thérive et Georges Blond. Jouhandeau avait prétexté des travaux à son domicile pour s'abstenir.

sage de sables et de pins que Jacques Chardonne a tant apprécié lors de son voyage de 1941.

Il se trouve qu'à cette époque Chardonne s'apprêtait justement à publier un nouveau livre, *Le Ciel de Nieflheim*, faisant une large place à ses impressions d'Allemagne. Cologne, Bonn, Fribourg, Vienne... Sous un titre emprunté à Goethe, l'écrivain charentais signe quelques pages de sa meilleure plume sur l'Allemagne telle qu'il l'a vue, le génie de sa langue, son romantisme. Il y bat surtout, si l'on ose dire, ses propres records de collaborationnisme. Sous le décousu apparent des réflexions, c'est un argumentaire très pernicieux en faveur de l'Europe allemande, où les horizons délicatement dessinés de la campagne normande ou du Morvan s'entrelacent avec ceux de la vallée du Rhin ou des plaines du Brandebourg, les citations de Hugo, Renan ou Proudhon avec celles d'Ernst Jünger, Friedrich Sieburg ou Alfred Rosenberg. Pour la première fois, la pensée de Chardonne s'y teinte d'un racisme distinguant les fiers Germains des « métèques » latins.

A cette époque, les rafles, déportations, exécutions, qui battent leur plein en France, ne permettent plus de nourrir la moindre illusion. Chardonne affirme pourtant avoir trouvé dans l'Allemagne hitlérienne un « respect de la vie », où

179

il reconnaît son propre libéralisme. Il se livre même à un vibrant éloge des SS, « ces anges de la guerre venus du ciel de Nieflheim pour aider un moment les hommes dans une tâche trop lourde pour eux : sauver ce que l'on pourra sauver [1] » !

Voici que la réalité le rattrape : ces « anges de la guerre » sont maintenant, dans leur uniforme à tête de mort, celui des SS *Totenkopfverbände*, les geôliers de son fils Gérard au camp de Sachsenhausen ! Ce drame remet tout en question. Il retient Chardonne au bord du précipice : publier *Le Ciel de Nieflheim*, cet éloge de l'Allemagne nazie, quand son propre fils est victime de son appareil répressif, devient impensable. C'est ce qu'il écrit en substance à Gerhard Heller le 24 mai 1943, dans une lettre où il s'étonne douloureusement de l'arrestation de Gérard. Il lui annonce dans la foulée sa démission de l'Association des écrivains européens fondée à Weimar [2].

Il semble toufefois que la décision de ne pas publier *Le Ciel de Nieflheim* ait été dans l'air avant même l'arrestation de Gérard Boutelleau. Selon le témoignage du gendre de Chardonne,

1. J. Chardonne, *Le Ciel de Nieflheim, op. cit.*, p. 133.
2. Voir Ginette Guitard-Auviste, *Chardonne ou l'incandescence sous le givre*, p. 222.

André Bay, Gerhard Heller, ayant pris connaissance de ce texte, serait venu spécialement voir l'écrivain dans sa maison de La Frette, près de Paris [1]. L'officier allemand l'aurait dissuadé de publier cette délirante profession de foi. « Vous ne savez pas tout », lui aurait dit Heller, faisant allusion à la Solution finale, dont il avait connaissance, comme à la situation militaire de plus en plus critique de l'Allemagne [2]. Heller, après avoir « mouillé » Chardonne en l'emmenant à Weimar, l'aurait donc empêché de se compromettre plus encore, sabotant ainsi sa propre action : peut-on vraiment y croire ?

Alerté par Chardonne, Heller va en tout cas remuer ciel et terre pour obtenir la libération de Gérard Boutelleau. L'officier allemand ne manque pas de faire valoir aux autorités de Berlin les états de services du père du déporté : « Comment, vous ne savez pas que Gérard Boutelleau est le fils de Jacques Chardonne. Vous ne savez pas combien celui-ci s'est compromis avec nous. Il vient, d'ailleurs, de refaire une

---

1. Témoignage d'André Bay, beau-fils de Jacques Chardonne. Entretien avec l'auteur, mai 1999.
2. Heller reconnaît dans ses Mémoires avoir vu, en juillet 1942, « des files d'enfants juifs conduits vers des wagons à bestiaux à la gare d'Austerlitz », *Un Allemand à Paris, op. cit.*, p. 197.

181

deuxième fois le voyage au congrès de Weimar en 1942, alors que tant d'autres se sont désistés [1] ! »

Grâce à l'intervention de Heller, Gérard Boutelleau sera libéré au mois de juillet 1943, après une captivité de plusieurs mois. L'épreuve qu'il a endurée désillerait-elle enfin les yeux de son père ? Non. Dans une lettre à Henri Fauconnier, Chardonne concède que, certes, dans la « grande Bastille » où son fils a été enfermé avec « tout le gratin des rebelles et toute la racaille », « l'ordre est maintenu par l'épouvante ». Mais, selon lui, son fils « revient plein d'admiration pour ce qu'il a vu. De la sévérité (pour qui n'est pas de robuste santé, le danger de périr à chaque pas). Mais pas l'ombre de cette cruauté qu'il a vue dans les camps français de Tunisie [2] ».

Sans doute Gérard Boutelleau est-il revenu dans un état physique acceptable : ses geôliers lui ont rendu ses affaires personnelles et même un manuscrit du *Journal* de Gide qu'il avait en sa possession au moment de son arrestation ; peut-être l'a-t-on remis sur pied avant de le libérer, peut-être lui a-t-on fait jurer de garder le silence sur ses conditions de détention. Mais il a

1. G. Heller, *Un Allemand à Paris, op. cit.*, p. 87.
2. Lettre à Henri Fauconnier, datée « dimanche », juillet 1943.

parlé à ses proches de la fumée des crématoires de « Sachso », ce camp construit en 1936, où la mortalité était galopante dans les kommandos de travail, où les pendaisons pour l'exemple et les exécutions d'une balle dans la nuque étaient monnaie courante, où se pratiquaient des expérimentations médicales souvent mortelles, et la plupart du temps mutilantes.

Pas l'ombre de cruauté dans cet enfer, conclut pourtant Chardonne qui, en bon germanophile, doit prendre au pied de la lettre la devise « *Arbeit macht frei* » ! « Tout cela ne m'a pas surpris. Et confirme tout ce que je savais », lance l'écrivain charentais, troublé sans doute, mais immergé dans ses sophismes. En 1949, il persistera et signera dans une lettre à Jean Paulhan, où il relativise l'horreur des camps nazis.

Après cet épisode, suivant les conseils de Heller, Chardonne renoncera à publier *Le Ciel de Nieflheim* [1]. Mais il ne reniera pas l'ouvrage, puisqu'il en enverra environ vingt-cinq exemplaires à l'état d'épreuves brochées sans couverture, portant la mention « édité par l'auteur », à des correspondants choisis.

Après la guerre, escamotant de sa bibliogra-

---

1. Seul paraîtra un article, intitulé « Les Divinités sociales », dans la revue *Deutschland-Frankreich*.

phie ce texte resté hors commerce, Chardonne pourra jurer, comme il le fera dans un mémoire justificatif de 1946, être revenu de ses chimères allemandes « entre 1941 et 1942 »...

8

Le voyage fantôme

Le 9 mai 1945, lendemain du jour historique qui vit le maréchal Keitel signer la capitulation de l'Allemagne, trouve Marcel Jouhandeau sur un banc du quai des Orfèvres, à la Brigade mondaine. Non pas pour une « affaire de mœurs », mais parce que, à ce moment, ce service de police traite du cas d'écrivains collaborateurs.

Jouhandeau et sa chère Elise ont vécu l'approche de la Libération dans les affres de l'angoisse. Terrorisés à l'idée d'être arrêtés par les FFI, ils ont erré dans Paris libéré de cachette en cachette. A l'automne 1944, Jouhandeau a figuré, avec les autres participants du voyage à Weimar, sur la liste noire, fournie en talents, dressée par le Comité national des écrivains, regroupant les écrivains résistants. Fer de lance de l'épuration des intellectuels, cette organisation avait demandé dans une motion le châtiment des gens de lettres ayant appartenu à des organisations d'inspiration allemande, s'étant rendus outre-Rhin en congrès ou ayant aidé à la propagande allemande. Vers le 20 octobre, Paul Eluard a réclamé l'arrestation des voyageurs de Weimar. Jouhandeau a pris un avocat, rassemblé avec l'aide de Jean Paulhan des témoignages de confrères en sa faveur.

Et voilà, alors que la courbe de ses angoisses commençait à baisser, que sa réputation de « collabo » le rattrape et lui vaut cette convocation quai des Orfèvres, en ce lendemain de liesse où les défilés ont rempli les rues de Paris, où toutes les cloches de la capitale ont carillonné pour fêter la fin du cauchemar.

Interrogé par un fonctionnaire qui, constate-t-il, ignore tout de son œuvre, Jouhandeau, malgré les conseils que lui ont prodigués ses amis, choisit de ne pas taire le seul fait concret qui peut lui être reproché : son voyage à Weimar quatre ans plus tôt, ou plus exactement le compte rendu qu'il en a fait dans la *Nouvelle Revue française* du mois de décembre 1941.

— Et cet article vous a rapporté beaucoup ? lui demande le secrétaire qui l'interroge.

— Oui, beaucoup d'ennuis ! répond Jouhandeau, en une réplique à la Sacha Guitry.

Placé ensuite dans une salle d'attente parmi les

prostituées raflées sur le trottoir, Jouhandeau a la surprise de voir entrer dans la pièce un confrère qu'il n'a pas vu depuis plusieurs années : Henry de Montherlant. L'auteur du *Solstice de juin*, déjà frappé de sanctions, assez légères, par le comité d'épuration de la Société des gens de lettres pour ses complaisances envers l'occupant, ne joue pas les stoïciens. Cédant à la panique, il se voit déjà emmené avec Jouhandeau au camp de Drancy (où les collaborateurs ont succédé aux Juifs) ou bien au fort de Vincennes, et étranglé dans sa cellule.

Il n'en sera rien. Transférés à la Cour de justice de la rue Boissy-d'Anglas, puis relâchés le soir même, dans l'attente de la prise de fonction d'un nouveau magistrat, Jouhandeau et Montherlant filent sans demander leur reste et en seront quittes pour leurs sueurs froides. La procédure s'éteindra d'elle-même à la fin de l'année.

Pour être exagérées, les craintes de Jouhandeau n'étaient cependant pas totalement infondées. En ce printemps de 1945, trois de ses compagnons de voyage à Weimar ne sont déjà plus de ce monde.

Ramon Fernandez a échappé de peu aux rigueurs de l'épuration : trois semaines avant la libération de Paris, le 3 août 1944, il a succombé à une embolie provoquée par des excès alcooliques. A ses obsèques, à l'église Saint-Germain-des-Prés, on a vu Drieu mais aussi Mauriac. A la Libération, l'épouse de Fernandez, Betty, a été arrêtée, et tondue, comme femme de collaborateur.

Après s'être longtemps caché dans Paris, Robert Brasillach, qui a refusé de fuir en Allemagne, s'est constitué prisonnier quand sa mère a été arrêtée. Son voyage à Weimar fut, lors de son procès, un des chefs d'accusation retenus comme preuve de son intelligence avec l'ennemi.

— Etait-ce le moment, a interrogé le président du tribunal, d'aller lever le verre avec les intellectuels allemands alors que l'on déportait ?

— En 1941, l'occupation allemande était plus douce qu'elle ne l'a été par la suite, répond l'accusé Brasillach.

— Permettez, rectifie le président... Déjà en 1941 on affichait la liste des otages fusillés tous les matins à Vincennes.

Brasillach, s'en tirant par un mensonge :

— Non, pas au moment du congrès de Weimar [1].

Le général de Gaulle ayant refusé sa grâce malgré l'intervention de François Mauriac et de

---

1. Voir Jacques Isorni, *Le Procès de Robert Brasillach*, p. 79-80.

188

nombreux intellectuels, Brasillach a été fusillé le 6 février 1945 au fort de Montrouge. Pour avoir, dans ses articles de *Je suis partout*, appelé au massacre des innocents, Juifs ou otages communistes, le poète du « matin profond » ne survivra pas à sa trente-sixième année.

Un mois plus tard, le 15 mars 1945, dans un appartement du 17e arrondissement, Pierre Drieu La Rochelle, contre qui un mandat d'amener venait d'être lancé, réussissait sa troisième tentative de suicide en s'asphyxiant au gaz de cuisine et en absorbant une forte dose de somnifère, tel un Don Juan morose allant au-devant de son châtiment. « Je ne veux pas me renier, je ne veux pas me cacher, je ne veux pas aller en Allemagne et je ne veux pas être touché par des pattes sales », avait-il écrit à sa maîtresse Beloukia. Selon Gerhard Heller, qui avant de quitter la France lui avait remis un passeport avec des visas pour l'Espagne et la Suisse, Drieu aurait été bouleversé par l'exécution de Brasillach et se serait sacrifié pour que ne soient pas inquiétés certains de ceux qu'il avait entraînés dans la collaboration, notamment Chardonne et Jouhandeau.

Abel Bonnard n'a pas eu la même force d'âme. L'« académicien de choc », comme le surnommait Céline, a filé avec la clique des collaborateurs à Sigmaringen, sur les rives du Danube, d'où il gagnera prestement un refuge plus sûr dans l'Espagne de Franco. Exclu de l'Académie française et condamné à mort par contumace, il sera rejugé en 1960 par la Haute Cour qui ramènera sa peine à dix ans de bannissement, déjà effectués.

Enfin, Jacques Chardonne, qui s'était une nouvelle fois replié en Charente, a été interné pendant dix semaines, à l'automne de 1944, à la prison de Cognac où il a retrouvé bon nombre des notables du cru. Placé un temps en résidence surveillée, il a regagné ensuite la région parisienne, évitant toutefois son domicile de La Frette où les communistes réclament sa tête. Une instruction a été ouverte contre lui par le parquet de Versailles. Pour sa défense, l'auteur de *L'Amour c'est beaucoup plus que l'amour* a multiplié les mémoires en défense, où il se justifie sur son attitude et notamment sur son fatal voyage. Dans le premier, daté du 8 mars 1945 et que l'on a déjà évoqué, il invoque ses démarches auprès des Allemands pour protéger ses confrères écrivains. Dans un deuxième (6 décembre 1945), il s'abrite derrière l'irresponsabilité de l'artiste, que son tempérament singulier, son imagination tyrannique ne prédisposent pas à une vue juste de la réalité. « Inutile de punir l'écrivain sincère : il ne comprendra pas sa faute », écrit-il, comme s'il parlait d'un autre. Dans le troisième (10 février 1946), il confesse ses erreurs en les minorant, et n'hésite pas à mentir effrontément : « Même au temps de mes chimères (1940-1941), se défend-il, je n'ai jamais fait une conférence, ni écrit un article politique, ni collaboré à un journal de l'une ou l'autre zone (les pages de moi qui ont paru dans une revue où à *Comœdia* sont des extraits de mes livres et on ne peut leur refuser un caractère littéraire). Je n'ai signé aucun manifeste. Je n'ai appartenu à aucun " groupe ", comité, rassemblement. J'ai même refusé de faire partie de tout jury litté-raire. J'ai interdit que mes livres soient publiés en langue allemande. » A l'en croire, Chardonne n'aurait eu de relations qu'avec deux Allemands, dont l'un, Gerhard Heller, est qualifié par lui d'« écrivain antinazi [1] » ! Or, l'ambigu Heller, s'il n'avait rien d'une brute, était bien, ce qu'il cache soigneusement dans ses Mémoires, membre du parti nazi depuis 1934 : un chercheur, Gérard Loiseaux, a retrouvé son dossier d'affiliation [2].

1. Archives de La Frette et dossier d'épuration de Chardonne aux Archives nationales, comportant une variante du mémoire du 8 mars 1945 (F 21 8124).
2. Il porte le numéro 3 402 212 (1er février 1934). Voir Gérard Loiseaux, *La Littérature de la défaite et de la collaboration*, p. 515.

Heureusement pour Chardonne, le juge d'instruction versaillais — un jeune Juif, note l'écrivain — ne se montre pas trop dur. Il est vrai que, dans le bureau du juge, Chardonne se fait accompagner de son fils Gérard Boutelleau, rescapé d'Orianenburg-Sachsenhausen. Contrairement aux Brasillach, Céline, Rebatet et consorts, il n'a aucun appel au meurtre sur la conscience, mais des éloges chimériques du national-socialisme (encore le plus accablant n'a-t-il pas été publié) et ses deux participations au congrès de Weimar.

Les démarches de son fils et les certificats de ses amis ayant joué, l'affaire se clôt par un non-lieu au mois de juin 1946. Marqué par l'épreuve de la prison et par l'opprobre qui le frappe, écarté de la direction de la maison Stock par son associé Maurice Delamain et radié de la Société des Gens de lettres, Chardonne, comme Jouhandeau, échappe néanmoins à une condamnation à l'indignité nationale. « J'ai eu la chance d'avoir un avocat dévoué, singulièrement ardent en ma faveur, et astucieux : les juges n'ont pas tout lu », confiera-t-il plus tard à Paul Morand [1].

Désormais, pour les survivants d'entre les par-

1. Lettre à Paul Morand du 2 décembre 1960, Bibliothèque cantonale et universitaire de Lausanne, IS 4316.

ticipants, leur voyage à Weimar, preuve la plus accablante de leur engagement pro-allemand, va devenir un souvenir gênant. Autant, sur le moment, le fameux périple a fait l'objet de leur part d'une publicité tapageuse, autant, dans les années d'après-guerre, il va être soigneusement escamoté, devenant une sorte de voyage fantôme. De temps à autre, bien sûr, un de leurs ennemis se fait un plaisir de ressortir du placard « le coupable voyage de Berlin » (Pierre de Boisdeffre), ou, dans le cas de Jouhandeau, son « témoignage » dans la *NRF* au retour de Weimar. Dans un article sanglant, Julien Benda y voit « un *Venite, adoremus* poussé devant l'hitlérisme », résultant chez Jouhandeau d'un « état passionnel [1] ». Chardonne, pour sa part, attaqué dans *Le Figaro littéraire* en 1951 par l'homme de lettres résistant André Rousseaux, en est réduit à se défausser : « Sur mon voyage à Weimar et ses motifs, vous serez instruit dans le courant de 1952 et vous pourrez en parler ensuite », se borne-t-il à répliquer [2].

Ces petits désagréments, toutefois, n'empêcheront pas ces maîtres de la prose française,

1. Julien Benda, « Les droits du " talent " », *L'Ordre de Paris* du 7 octobre 1947
2. « Une polémique littéraire », *Paris Presse* du 25 août 1951.

apres quelques années de purgatoire, de retrouver une gloire nouvelle au seuil des années cinquante. D'influents soutiens n'ont pas ménagé leurs efforts pour les réintroduire dans le monde des lettres. A commencer par Jean Paulhan, résistant irréprochable mais censeur impitoyable des dérives de l'épuration, qui leur commande des textes pour ses *Cahiers de la Pléiade*. Contre le CNE, il plaide le « droit à l'erreur » pour l'artiste, qui met son âme en jeu et fait, à la place de ses lecteurs, cent expériences dangereuses. Sans doute met-il d'autant plus de zèle à défendre Jouhandeau, Chardonne ou Giono qu'il a lui-même incité certains d'entre eux à collaborer à la *NRF* de Drieu, et laissé Jouhandeau partir pour Weimar. Paulhan fait preuve toutefois d'une singulière grandeur d'âme, Elise Jouhandeau l'ayant, en 1942, dénoncé à la Gestapo ! De son côté, Mauriac sera exclu du CNE pour avoir hébergé Jouhandeau au sommaire de la revue *La Table ronde* qu'il anime. Le but toutefois est atteint : les écrivains compromis, Jouhandeau en tête, son partiellement dédouanés. En 1950, à la suite du lancement fracassant de son livre *L'Imposteur* par les éditions Grasset, M. Godeau devient même une vedette des lettres, une sorte d'héritier un peu bouffon d'André Gide. Les scènes de ménage de Marcel et de son dragon

Elise, reflet inversé des couples « exemplaires » Aragon-Elsa et Sartre-Beauvoir, finiront bientôt dans les pages en couleur de *Paris Match*.

Surtout, dans le contexte de la guerre froide et en réaction à la domination idéologique de Sartre et de Camus, toute une génération, celle des Roger Nimier, François Nourissier, Bernard Frank, Michel Déon, Jean-Louis Bory, Jacques Brenner, Matthieu Galey va redécouvrir ces grands aînés. Aux antipodes de la phraséologie plâtreuse et du terrorisme intellectuel des écrivains engagés, ces demi-soldes du pétainisme avaient à offrir les délices d'un style sec et le charme d'un détachement dicté par les circonstances autant que volontaire. Ce n'est pas rien, comme disait Nimier.

La Frette devient alors un lieu de pèlerinage. Beau comme un vieil acteur de Hollywood, vêtu de lainages couleur d'automne, Chardonne ouvre la porte de sa maison de style 1925, fait visiter son jardin impressionniste, prodigue de paternels conseils. Il éberlue ses jeunes amis avec « ses sentences en forme de soucoupes volantes », comme dit Paul Morand. Il devient un peu le « colonel honoraire des Hussards ». En échange de son parrainage, ces talentueux cadets lui offrent une réhabilitation inespérée, un magistère comme il n'en a peut-être jamais connu. Attablé, pendant ce temps, à la *Rhumerie martiniquaise*, son quartier général à Saint-Germain-des-Prés, André Fraigneau, qui n'a pas retrouvé son statut antérieur dans le monde de l'édition, raconte la *dolce vita* de l'entre-deux-guerres au jeune Michel Déon. Ce dernier, avec Roger Nimier, Antoine Blondin et Jacques Laurent, tiendra à préfacer *L'Amour vagabond*, roman de Fraigneau publié en 1956 chez Plon.

Le voyage à Weimar, réunissant tant d'étoiles maudites, pique la curiosité de tous ces jeunes gens, comme un secret de famille honteux et captivant. Lancés sur le sujet, Chardonne et Jouhandeau lâchent quelques explications elliptiques. Chardonne invoque les sempiternelles libérations de prisonniers, Jouhandeau jure, lui, qu'il a été « réquisitionné » par les Allemands ! « C'était comme un congrès du Pen Club », répète André Fraigneau à qui veut l'entendre [1]. Revenu de son exil espagnol pour se faire juger par la Haute Cour en 1960, Abel Bonnard plaidera, lui, la « curiosité » qui, seule, l'a poussé à visiter le pays de Nietzsche, de Goethe et de son ami Arno Breker [2]. En dehors de cela, cette fâcheuse

---

1. Témoignage de Pascal Mercier, entretien avec l'auteur, janvier 2000.
2. « Abel Bonnard devant la Haute Cour », *Le Monde* du 24 mars 1960.

équipée reste taboue. Ici ou là, seulement, quelques allusions pour initiés : « Les Russes sont à Weimar », se désole ainsi Chardonne dans son livre *Demi-Jour*. Mais silence presque complet sur ses deux participations aux congrès de Weimar dans la biographie autorisée qui lui est consacrée chez Grasset dès 1953 par Ginette Guitard-Auviste, sous le titre *La Vie de Jacques Chardonne et son art*. A peine y est-il fait mention de l'Association des écrivains européens fondée à Weimar, pour la décrire comme une sorte de confrérie antinazie... Chardonne, qui ne reconnaîtra jamais avoir fait fausse route en se rendant à Weimar, restera toujours au seuil de l'autocritique, tout en poursuivant avec obstination un unique objectif, sa réintégration pleine et entière dans le monde littéraire : « Et puis je connaissais trop d'Allemands, des " bons ", toujours des " bons ". Cela m'a un peu aveuglé, écrit-il à Jean-Louis Bory en 1954. Je me suis repenti en 42 (où j'ai su certaines choses) et des pages ne reparaîtront pas. Mais pour l'essentiel, je n'ai pas changé. J'ai senti assez vite que la " résistance " dans sa partie active était communiste. Cela devait nous mener où nous sommes [1]. »

1. J. Chardonne, *Ce que je voulais vous dire aujourd'hui*, Paris, Grasset, 1969, p. 72.

En 1964, il affirme au contraire dans une lettre à Jean Freustié ne rien avoir su « jusqu'à la fin », comme le pape ou Otto Abetz, des camps d'extermination. « On le sait à présent. On ne doit pas l'oublier ; c'est ineffaçable [1] », écrit-il — pointe extrême de son mea culpa, mais mensonge assez puéril : ambassadeur d'Allemagne en France, Abetz n'ignorait rien de la Solution finale, dont il fut un des rouages actifs. Cultivant le détachement amer, le paradoxe nihiliste, l'ermite de La Frette demeure aussi tranché dans ses jugements et confiant dans son propre discernement. Ni brûlure du remords, ni spasme du dégoût de soi à attendre de lui — jamais.

Refoulement de ses propres fautes ou manière de détourner l'attention, il accable en revanche Jouhandeau dans une ahurissante lettre à Paul Morand du 3 août 1965 : « Jouhandeau a écrit des choses épouvantables pendant l'Occupation. (Je pense à ses pages dans la *NRF* après ses voyages en Allemagne. Je crois que l'on n'y a pas fait attention. Mais elles sont là, inneffaçables [*sic*].) Ce n'était pas le moment de se glorifier parce que l'on couche avec des Allemands : tel que je vous le dis [2]. »

1. *Ibid.*, p. 197.
2. Bibliothèque cantonale et universitaire de Lausanne, IS 4316.

C'est ainsi que la réécriture de l'Histoire, de leur histoire, s'est enclenchée au royaume des écrivains. Les articles publiés au retour de Weimar dormant désormais dans les greniers, et *Le Ciel de Nieflheim* à l'« Enfer » de la Bibliothèque nationale, le seul document largement diffusé sur le congrès de Weimar est une photo : celle qui fixa les voyageurs à leur descente de train, gare de l'Est, au début de novembre 1941, et que diffuse l'agence Roger-Viollet. Cliché célèbre, presque trop beau pour être vrai, tant il offre un raccourci saisissant de la collaboration des intellectuels. De gauche à droite, on y voit Heller en longue capote *feldgrau* offrir son meilleur profil, Drieu, plus « Gilles » que jamais, une indéfinissable lueur d'ironie dans le regard, Brasillach avec sa serviette d'agrégé gonflée de documentation allemande, Abel Bonnard, petit monsieur à parapluie, ébloui par le flash, André Fraigneau, hâlé comme au retour de vacances en Grèce, et à côté de lui son cher Karl Heinz Bremer, gros garçon jovial en civil, qui ne sait pas qu'il n'a plus que quelques semaines à vivre [1]. L'ange de la mort semble planer au-dessus de la

---

1. Il sera tué sur le front de l'Est au début de l'année 1942.

scène, quelque part sous la verrière de la gare [1].

Seul survivant français, avec Abel Bonnard, de ce gênant cliché, André Fraigneau grincera des dents chaque fois qu'il le verra figurer dans un ouvrage sur l'Occupation, c'est-à-dire souvent. Par bonheur pour Marcel Jouhandeau et Jacques Chardonne, ils étaient rentrés en France quelques jours avant leurs compagnons de voyage.

Mais c'est compter sans l'incorrigible amateur d'imprudence qu'est Marcel Jouhandeau.

Dès son retour en France, le prolifique Marcel, encore plein de ses impressions allemandes, avait mis au net ses carnets de voyage, et même composé une « suite de méditations », un « carnet secret », tournant autour d'un unique sujet : Heller. Ces écrits, Jouhandeau les avait transmis tous deux, dès le début de l'année 1942, au Sonderführer — ainsi chargé de censurer un récit dont il était le héros ! —, en lui demandant d'opérer toutes les coupes nécessaires dans les *Carnets* et de garder l'autre

---

1. Il existe une autre photo que celle couramment reproduite, prise au même moment sous un autre angle. Provenant du fonds *France-Soir*, elle est déposée à la Bibliothèque historique de la ville de Paris (voir la couverture du présent ouvrage).

manuscrit, plus intime, pour son usage personnel [1].

Aucun imprimatur — faut-il s'en étonner — ne fut délivré pour les *Carnets*. Jacques Chardonne, qui les a eus en main, en a donné la raison dans une lettre de 1943 : « On ne lui a pas permis de le publier, et je le comprends. C'était trop intime. Mais cela donne, je trouve, la vue la plus juste de l'Allemagne, à cause même de la bizarrerie du personnage, ce solitaire que l'on dit possédé par le diable et qui était le moins fait pour ce genre de voyage. Les « observations » sont ultra-personnelles, mais d'autant plus profondes il me semble [2]. »

Mais ce n'est que partie remise. Après la Libération, Jouhandeau incapable de laisser un recoin de sa vie secret, va persister dans son idée d'utiliser ce combustible hautement inflammable. Non sans s'entourer toutefois de quelques précautions. C'est ainsi qu'en 1949 paraît anonymement un mince récit, intitulé *Le Voyage secret* — « par l'auteur de *L'Abjection* », précise le sous-titre avec un humour involontaire. Ce texte, qui a très certainement à voir avec

1. Voir les lettres de Jouhandeau à Heller, du 1er janvier 1942 et sans date, fonds Jouhandeau, Bibliothèque littéraire Jacques-Doucet, MS 32 126 et MS 32 127.
2. Lettre à Henri Fauconnier datée « dimanche », 1943.

la « suite de méditations » naguère communi-
quée par Jouhandeau à Heller, est prudemment
tiré à une centaine d'exemplaires. Jouhandeau en
glissera sous le manteau à quelques privilégiés
« dans un grand luxe de chuchotements et d'allusions transparentes », dira François Nourissier, l'un de ces heureux destinataires [1].

Difficile, en effet, de comprendre que ce
voyage secret est celui qui l'a mené à Weimar
avec Chardonne, Fernandez et tutti quanti. Abs-
trait, ésotérique, ce récit est d'abord celui d'une
passion, qui a pour cadre un voyage de groupe,
dont rien n'indique qu'il se déroule en Allemagne pendant la guerre. De ville en ville, le narrateur du récit se promène avec sa « cathédrale
de sentiments », à l'écart des autres voyageurs,
indifférent au monde extérieur. Car il se
consume d'amour pour un certain X., qui mène
la petite troupe. A l'intérieur du voyage officiel
se cache un autre voyage, « secret », le seul qui
importe, celui que le narrateur effectue seul à
seul avec l'objet de son désir, son « soleil privé ».
Les autres personnages ne sont que des figu-
rants, les noms de lieux réduits à des initiales,
les automobiles deviennent des palanquins, les

---

1. François Nourissier, « Jouhandeau, l'école du style », *Le
Point* du 1er août 1988.

rencontres de Weimar un mystérieux conclave. Tout le récit est empreint d'une atmosphère fantasmatique de cosmogonie amoureuse. Jouhandeau y est à la fois une sorte de Phèdre se jetant à la tête d'un Hippolyte en uniforme, et un narrateur narcissique amoureux de son amour. Qu'importe si finalement « X. » se dérobe et si la relation reste platonique : l'important est d'avoir parcouru une nouvelle fois le cycle funèbre, adonisien de la passion — blessure, mort, ensevelissement, résurrection.

Quatre ans seulement après la fin de la guerre, Jouhandeau revendique donc, derrière un savant flou littéraire, une passion allemande. Délicieuse imprudence qui redouble l'imprudence première !

Pourtant, cette confession chantournée peut aussi se lire, si elle n'en a pas l'apparence, comme un plaidoyer. Là où on lui reproche une compromission politique, l'auteur n'aurait vécu qu'une aventure intime, la poursuite au-delà du Rhin d'un fantôme qui se dérobe. En lévitation dans des « intervalles privés » inaccessibles au commun des mortels, il n'a guère prêté d'attention aux contingences extérieures. Et la splendeur de sa vie intérieure efface pour ainsi dire l'horreur du contexte. « L'ambition, l'avarice, la luxure, l'orgueil, la colère, la paresse, la gour-

mandise ; le sentiment que j'éprouve pour X.,
écrit Jouhandeau dans *Le Voyage secret*, me per-
met-il d'un seul coup d'aile de m'élever au-dessus de tout cela, au-dessus de toute misère, au-
dessus de tout ? Alors où est le mal ? » Bien plus,
ce voyage ne trouve-t-il pas sa justification dans
la perfection de l'œuvre littéraire à laquelle il a
donné naissance ? La critique, toutefois, ne
classe pas ce texte parmi les sommets de l'œuvre
jouhandélienne. Peut-être ce *Voyage secret*
aurait-il été meilleur, si justement son auteur,
qui auparavant avait examiné sous toutes les
coutures le vertige de la faute, l'abjection jusque
dans ses ultimes implications (certes pour
s'auto-absoudre), n'avait ici complètement esquivé
le problème du mal. Excluant tout examen de
conscience sur sa trouble complaisance pour ce
mal absolu qu'est le nazisme, Jouhandeau se
borne à livrer la chronique ordinaire d'une passion. Le seul « monstre » qu'on y rencontre est le
bourreau des cœurs Heller, la seule « torture »
celle qu'éprouve le narrateur dans les affres de
l'amour. Tout cela, à quelques encablures du
camp de Buchenwald ou au cours de la visite du
bureau de Hitler ! Splendide occasion manquée,
en définitive, que ce *Voyage secret* qui reste
au niveau de la bluette homosexuelle quand

Jouhandeau pouvait enfin dépeindre, d'après nature, le visage du diable.

Le Voyage secret recevra un accueil enthousiaste du principal intéressé : Gerhard Heller. Revenu à la vie civile, l'ex-Sonderführer, qui a épousé son ancienne secrétaire de la Propaganda Staffel, s'est installé dans la ville thermale de Baden-Baden, en Forêt-Noire, où il anime des revues littéraires francophiles. Dès 1948, il a séjourné à Paris, où il a renoué avec ses amis français, au premier rang desquels Jouhandeau. Le 30 mai de l'année suivante, Jouhandeau lui adresse un exemplaire de son ouvrage, avec cette dédicace : « Pour Gérard, *Le Voyage secret* n'a pas de secret [1]. »

L'ex-censeur des lettres françaises est aux anges de se voir ainsi immortalisé en personnage de roman. Il répond avec effusion à Marcel : « Tu as mis devant moi un miroir. Je me vois, je me revois, je revis des semaines remplies de mystères, pleines de joie [...] Ça alors ! Sorcier. Qu'est-ce que tu as fait ? Quel pouvoir ont tes paroles ? Et tout est vrai. Nous avons maintenant un bréviaire à nous [2]. » Comme on le voit au ton de cette lettre, les rapports entre Heller et

---

1. Fonds Jouhandeau, Bibliothèque littéraire Jacques Doucet, MS 32 148.
2. G. Heller, *Un Allemand à Paris, op. cit.*, p. 79-80.

Jouhandeau n'en sont pas restés à la froideur des derniers jours de Weimar. Leur correspondance, où ils passent au tutoiement vers la fin de l'année 1943 ou le début de 1944, trahit un net progrès de leur intimité. Dans ses Mémoires, Heller qualifiera *Le Voyage secret* de « petit chef-d'œuvre à la fois racinien et proustien ».

Au détour d'une page de ses *Journaliers*, Jouhandeau livrera lui-même, si besoin en était, la clé de ce récit crypté : « Gérard est le héros du *Voyage secret* [1] ». Au mois de juin 1959, l'écrivain retournera en Allemagne, la première fois depuis 1941, pour une tournée de conférences qui l'emmène de Sarrebrück à Munich, *via* Tübingen. A Stuttgart, le 9 juin, il note : « Je retrouve là des Allemands que j'avais rencontrés à Paris durant l'Occupation, et nous voici tout d'un coup, eux et moi, projetés sur un plan supérieur, sur ce plan souverainement religieux, dont parle saint Paul, où il n'y a plus ni Juifs ni Gentils, ni Grecs ni Barbares, ni Allemands ni Français, mais seulement des hommes. » Quelques semaines auparavant, dans ses *Journaliers*, Jouhandeau, qui décidément ne recule devant rien, a commenté une photo bouleversante, prise dans un camp de concentration nazi, montrant un déporté

---

1. M. Jouhandeau, *Un second soleil, Journaliers XIX*, p. 103.

conduit en musique au supplice, coiffé d'un bonnet ridicule, sous les rires bestiaux de ses bourreaux. Comme naguère face à l'homme à l'étoile
jaune rencontrée à Munich, l'auteur du *Péril juif*
y étale toute sa compassion admirative pour la
dignité du malheureux. On le sait, Jouhandeau
aime à se dépeindre lui-même sous les traits
d'un supplicié, victime des offenses d'autrui [1]...

Quelques pages plus loin, il confesse avec une
étrange franchise : « La Némésis a somme toute
été discrète avec moi [2]. »

Cependant, le vieil écrivain à la finesse
matoise, au narcissisme inlassable, ne va pas
s'en tenir là. Une fois imprimé son *Voyage secret*,
il reste à livrer au public les carnets ramenés de
son voyage de 1941, pour lesquels, on s'en sou-
vient, Gerhard Heller n'avait pas donné d'imprimatur. En 1959, dix ans après la publication du
Voyage secret, Jouhandeau envisage de faire édi-
ter ce texte beaucoup moins éthéré, et beaucoup
plus explicite.

Ayant eu vent du projet, Jacques Chardonne se
manifeste. Donner un coup de projecteur sur ce
passé malheureux, alors qu'il s'est patiemment
rebâti une respectabilité et se prépare à publier

1. *Ibid.*, p. 16.
2. *Ibid.*, p. 215.

Le Ciel dans la fenêtre, un énième plaidoyer *pro domo !* Il ne peut en être question. Chardonne prend sa plume pour convaincre son intenable confrère de renoncer à ce projet [1].

Le romancier charentais saura trouver les mots, puisque le texte ne sera pas publié. Dans une lettre à Paul Morand du 15 juin 1959, il se vante d'avoir fait « rengainer » son récit de voyage à Jouhandeau, qui à la place publie « gentiment » un texte plus inoffensif dans la *NRF* [2]. Mais l'alerte a été chaude. Deux ans plus tard, le critique Matthieu Galey sera le témoin d'une éruption de Chardonne à l'idée de la possible publication de ce texte . « Ah ! non, il ne me ferait pas ça ! Je le lui ai déjà interdit une fois. Il salirait tout avec ses histoires de lit, je ne veux pas être obligé d'expliquer à nouveau le but de ce voyage, qui était de faire libérer les écrivains prisonniers [3]. »

Ce n'est que bien plus tard, en 1980, un an après la mort de Jouhandeau, douze ans après celle de Chardonne, et près de quarante ans après les faits, que ces carnets qu'on n'attendait

1. Voir la lettre qu'il envoie à Jouhandeau le 19 mars 1959, Bibliothèque Jacques-Doucet, JHD. C. 5729.
2. Correspondance Jacques Chardonne-Paul Morand, Bibliothèque cantonale et universitaire de Lausanne, IS 4316.
3. M. Galey, *Journal 1953-1973*, 30 juillet 1961, p. 223.

plus sortiront des tiroirs secrets. Ils constituent l'un des morceaux de choix du *Journal sous l'Occupation*, couvrant les années 1939-1945, publié sous la prestigieuse couverture blanche de Gallimard.

L'intrigue amoureuse, cette fois, est à peine discernable (silence complet, même sur la dérobade de Heller et la déception finale de Jouhandeau). En revanche, dates, décors, personnages et événements sont notés avec l'exactitude dont Jouhandeau est coutumier ; seuls Heller et Hans Baumann restent à demi cachés derrière des initiales. On y voit Jouhandeau se promener de fêtes des moissons en maison de Goethe, de messes dans les cathédrales en dîner de gala. Ravi de ce qu'il voit, il n'omet même pas les quelques incidents qui émaillent son périple, par exemple l'accès de panique de l'écrivain scandinave à Berlin, qu'il rapporte « comme il noterait une réplique de sa femme ou de sa crémière : pour l'atmosphère ; le sens n'a pas l'air de l'émouvoir le moins du monde [1] ». Les lecteurs qui espéraient une pointe de repentance, un début d'autocritique en sont pour leurs frais. Ce voyage qui l'a conduit jusque dans la gueule du

---

1. M. Galey, « Jouhandeau : un chroniqueur dans la tourmente », *L'Express* du 11 octobre 1980.

Léviathan, il serait, écrit Jouhandeau, « ingrat et lâche » de le regretter. C'est qu'il lui a valu de si agréables rencontres ! Sans vergogne, Jouhandeau se prête la « pureté ardente d'une étoile », celle d'un « saint dans la lumière de la grâce ». Car il ignore ce sentiment vulgaire, le remords. La morale à ses yeux n'est qu'une convention humaine ; les faiblesses qu'il a pu commettre, tout au plus des fautes de goût, qu'il regrette « comme une femme réprouve certaines couleurs qui ne conviennent pas à son teint [1] »...

Encore ce journal de bord est-il une version revue et corrigée. En vue de leur publication, Jouhandeau a en effet considérablement retouché les notes prises en Allemagne. Cela, rien n'en avertit le lecteur du texte publié en 1980 chez Gallimard . il peut croire qu'il lit, sous leur forme authentique, les *Carnets* de Jouhandeau tels qu'ils les a tenus durant son périple allemand. Il n'en est rien.

C'est ce que prouve la comparaison avec les versions initiales de ce journal de voyage, datant de l'Occupation, restées, elles, inédites. Sous le titre *Souvenirs d'Allemagne (Carnet de voyage)*, la plus ancienne se présente sous la forme d'un carnet de moleskine noire, contenant 149

---

1. M. Jouhandeau, *Un second soleil, op. cit.*, p. 51-52.

feuilles volantes couvertes de la fine écriture à l'encre bleue de Jouhandeau, avec de nombreuses ratures. On y trouve même un dessin à la plume assez naïf, sans doute de sa main, rehaussé de couleurs, représentant une vieille ville d'Allemagne au bord d'un fleuve ou d'un lac. Ce carnet, comme en atteste une dédicace manuscrite, Jouhandeau l'a offert en mars 1942 à sa richissime amie Florence Gould qui, à son tour, le remettra à Jean Paulhan : il se trouve aujourd'hui dans les Archives Jean-Paulhan, conservées à l'Institut Mémoires de l'Edition contemporaine (IMEC) à Paris.

Une autre version, de peu postérieure, dort, en deux exemplaires, à la bibliothèque littéraire Jacques-Doucet, à Paris, où sont déposés les manuscrits, lettres et archives de Jouhandeau. Ce *Carnet de voyage* de 74 pages dactylographiées ne diffère que peu des *Souvenirs d'Allemagne* manuscrits, dont il est la mise au net. L'un de ces deux exemplaires était celui donné à Gerhard Heller, qui s'en est servi pour rédiger les chapitres de ses Mémoires, *Un Allemand à Paris*, consacrés à « l'amitié de Marcel Jouhandeau » et aux « Rencontres européennes de Weimar [1] ».

---

1. « Carnet de voyage », Fonds Jouhandeau, JH D 474, et Fonds Heller, MS 32 193.

Instructive lecture que celle de ces *Souvenirs d'Allemagne*, de ce *Carnet de voyage*, plus proches de la réalité vécue. Contrairement à la version posthume, Jouhandeau, en effet, n'y cache rien des vrais mobiles de son voyage ni de ses sentiments pro-allemands. Le texte fourmille de faits intéressants qui seront escamotés dans la version de 1980. On y apprend, par exemple, que lors du passage des voyageurs à Munich, il a pu admirer dans une exposition de peinture un tableau qui représentait les Panzers nazis écrasant la cavalerie polonaise en 1939. De même, on ignorera toujours, en lisant la version de 1980, que le maire de Heidelberg, si sympathique aux voyageurs français, a saisi en juin 1940, sous l'uniforme de la Wehrmacht, les archives de l'état-major interallié à Clamecy. Les retouches peuvent sembler mineures, mais elles infléchissent adroitement le sens du texte, édulcorent les faits. Là, c'est l'adjectif « cosmopolite » qui saute, ailleurs, la saillie du bourgmestre de Vienne, proclamant la supériorité des fanatiques sur les tièdes, qui cesse d'être « sublime » pour n'être qu'« inquiétante ». Dans la version revue et corrigée, tel Allemand perd son surnom de « Méphisto » que lui avait décerné Jouhandeau. Modification encore plus significative : dans la version publiée en 1980, les poèmes de Hans

Baumann ne sont plus tirés à « deux millions et demi d'exemplaires », mais seulement à des « milliers », ce qui ôte subrepticement au jeune ami de Jouhandeau son caractère de poète officiel du régime nazi, de « psalmiste du Reich », comme il était écrit dans la version originale.

Dans cette première mouture, Joseph Goebbels, lui, était décrit en homme suprêmement lucide, humain, dénué d'ambition ; ce n'est que dans la version retouchée que son regard deviendra celui d'un illuminé, d'un « névropathe » ! Plus stupéfiant : sur un point essentiel, ses motivations antisémites, Jouhandeau n'hésite pas à écrire blanc, là où il avait écrit noir. Dans le premier état du texte, il affirmait que son voyage en Allemagne n'était que la suite logique de ses violentes prises de position de l'entre-deux-guerres, en attendant que l'Allemagne règle enfin « négativement » le « problème juif ». A la place de cet aveu sans fard, Jouhandeau soutient tranquillement dans la version expurgée : « Si l'on voyait dans mon voyage en Allemagne une suite à mes réflexions sur la question juive, on se tromperait lourdement » !

Bref, Jouhandeau, cet amateur d'imprudence qui fait profession de tout dire, a raturé, réécrit, travesti la réalité. Le récit de son périple allemand n'a pas seulement été altéré pour raisons politiques. Fidèle à sa manière de procéder par décantations successives, l'écrivain a aussi, au passage, épuré son style. Et une fois encore, le miracle opère. Au magma des impressions encore chaudes, des notations trop triviales, à la surcharge de faits et d'adjectifs, se substitue un récit dépouillé, lumineux, irisé, comme le reflet d'une cathédrale dans les eaux du Rhin...

C'est ainsi : pour être un parfait hypocrite, Marcel Jouhandeau n'en était pas moins un grand styliste.

Épilogue

Chardonne, le visiteur du soir

Ainsi fut travestie l'histoire du voyage des écrivains français en Allemagne. Mais cette déshonorante équipée comporte un prolongement méconnu, sur lequel tous les voyageurs de Weimar, dans leurs témoignages et livres de souvenirs, ont toujours fait silence. C'est une page occultée à dessein, un étonnant post-scriptum, qui montre comment l'intellectuel le plus subtil peut se comporter, selon la formule cynique de Lénine, en « idiot utile ».

La scène se passe au mois de décembre 1941, à Vichy. Les écrivains français sont rentrés au bercail depuis un bon mois. Drieu a repris les rênes de la *NRF*, Brasillach celles de *Je suis partout*, Fraigneau a retrouvé sa pile de manuscrits chez Grasset, et Jouhandeau son pensionnat de Passy. Seul Chardonne va prolonger son voyage par une mission très politique.

Le 5 décembre, en effet, l'écrivain monte à nouveau dans un train, à destination de Vichy — non pour prendre les eaux dans la station thermale devenue capitale de l'Etat français, mais pour y rencontrer le maréchal Pétain.

C'est le lundi 8 décembre, sur le coup de 17 heures, que, succédant à une délégation de fruitiers du Tarn et à une autre d'assureurs, Jacques Chardonne est introduit dans le bureau de Pétain, au troisième étage de l'Hôtel du Parc [1]. Etrange face-à-face, dans le bureau-salon aux allures de cabinet de médecin IIIe République, entre le maréchal de quatre-vingt-cinq ans à la voix chevrotante et au teint rose, en qui de Gaulle avait vu croître « l'ambition sénile de tout et le désintérêt sénile de tout », et l'auteur des *Destinées sentimentales*, pénétré de la haute importance de sa mission. Au premier abord, il peut sembler compréhensible qu'un des participants du voyage à Weimar rende compte en haut lieu de son déroulement, un feu vert ayant semble-t-il été donné par l'amiral Darlan, chef du gouvernement [2]. Mais c'est d'abord au béné-

1. Comme en atteste l'agenda du maréchal Pétain, conservé aux Archives nationales, sous la cote AG II 138 SA 6 A. A côté du nom de Chardonne figure, entre parenthèses, la mention « écrivain, retour d'Allemagne ».
2. Si l'on en croit les déclarations de Brasillach à son procès.

216

fice des Allemands qu'intervient Chardonne, comme le montre la teneur de l'entretien, et surtout le fait qu'ils en aient été exactement informés.

Qu'a dit le romancier charentais à Pétain, cet homme qu'il trouve « sublime » ? Selon un compte rendu, resté jusqu'à présent inédit, de la Propaganda Abteilung parisienne rédigé peu après l'entrevue, l'écrivain a vanté les impressions « extraordinairement bonnes et fortes » qu'il a retirées de son voyage [1]. Grâce à sa conférence au Club de la Presse et à son article de *La Gerbe*, on connaît les sentences définitives, les sophismes d'allure raisonnable dont Chardonne habille son pari germanique : l'Allemagne, ce monde « absolument inconnu en France », les Allemands, ce peuple de « constructeurs » « qui ne demande aux nations vaincues qu'un peu d'intelligence », etc. « Une chance se présente pour la France qu'elle ne retrouvera pas. Notre vie ou notre mort se joue. »

Pétain a dû regarder d'un œil froid ces opinions d'hommes de lettres. Chardonne, en tout cas, cherchant à rapprocher les parties, fera remonter à ses mentors allemands les réticences

---

1. « Jacques Chardonne bei Marshall Pétain », « Lagebericht der Propaganda Abteilung Frankreich für die Zeit vom 1-15-12-41 », Bundesarchiv-Militärarchiv, Fribourg-en-Brisgau, RW 4/v. 220.

qu'il a rencontrées chez ses interlocuteurs (car s'il a eu au total deux longs entretiens avec Pétain, il a aussi conversé, dit la note de la Propaganda Abteilung sans donner de noms, avec des membres de son entourage et certains ministres). A Vichy, expliquera le romancier, on « s'inquiète d'être laissé dans l'incertitude par les Allemands sur l'avenir de la France ».

Ce n'est pas que Pétain ne soit pas demandeur d'une relance de la collaboration. Au contraire. Mais l'entrevue qu'il a eue une semaine plus tôt, le 1er décembre, avec le maréchal Goering à Saint-Florentin, dans l'Yonne, a tourné au dialogue de sourds. S'étant plaint que la collaboration ne soit pas un traité entre égaux mais un diktat, Pétain s'est entendu répondre par Goering qui ne pensait qu'à obtenir un appui pour Rommel en Afrique du Nord : « Mais dites, monsieur le Maréchal, quels sont maintenant les vainqueurs, vous ou bien nous ? »

La mission diplomatique de Chardonne semble donc avoir tourné court. « Nous renvoyâmes Chardonne à ses chères études », écrira sèchement le chef du cabinet civil de Pétain, Henri du Moulin de Labarthète, par le bureau duquel Chardonne a dû passer pour accéder au maréchal. Partisan de l'attentisme, le très réactionnaire Du Moulin dira avoir été horrifié par le

218

collaborationnisme ultra du romancier charentais. Même pour certains hommes de Vichy, Chardonne allait trop loin ! « Chardonne, écrira Labarthète, nous donnait le sentiment d'avoir conclu un pacte lucide avec le diable. Il s'expliquait trop, se justifiait mal ¹ »

Jugement surprenant et terrible, qu'on comprend mieux si on le rapproche de *La Chronique de Vichy*, de Maurice Martin du Gard. Fondateur des *Nouvelles littéraires* et cousin de l'auteur des *Thibault*, ce critique réputé (qui a pris la défense de Chardonne dans la polémique l'opposant à Gide) témoignera avoir rencontré en cette fin d'année 1941 à Vichy, où il « couvre » l'actualité gouvernementale pour *La Dépêche de Toulouse*, un Français qui « était du voyage auquel participaient toutes les nations de l'Europe ». En veine de confidence, ce mystérieux voyageur, dont Maurice Martin du Gard protège l'anonymat, s'est épanché auprès de lui. Il a multiplié les informations de première main tendant à prouver les dispositions favorables de Berlin, et spécialement du ministre de la Propagande Goebbels, à l'égard de la France.

Martin du Gard rapporte ses propos :

1. Henri du Moulin de Labarthète, *Le Temps des illusions*, p. 325 et p. 249.

« Goebbels ne lui a pas caché qu'il était à l'armistice un de nos ennemis les plus farouches : il rêvait de nous démembrer, de maintenir comme frontière la ligne de démarcation et d'envoyer dans la zone non occupée tous les Juifs de l'autre zone et même d'en ajouter, ce qui, lui dit-il, " vous aurait pourris assez vite... " Le premier article où Goebbels découvrit, dans un journal de la zone libre, un désir français de faire l'Europe, l'intimida brusquement. Pour les Juifs, il se serait rallié au projet de Goering qui, à ce moment-là, voulait les envoyer à Madagascar où ils auraient été libres de créer des industries, de faire du commerce et d'exploiter leurs terres. Encore aurait-on fait des exceptions en ce qui concerne les Israélites que la France aurait voulu garder, mais pour les Israélites français seulement. Et puis Goebbels serait venu à Paris et il aurait été très impressionné par la France qu'il n'avait jamais visitée. Pour mon interlocuteur, il est regrettable que le ministre de la Pro pagande soit barré en France par l'ambassade et surtout par l'armée d'occupation : " Il est très fin, donc très près de nous. "

« A Berlin, le primaire Himmler qui ne pardonne pas à Hitler lui-même d'avoir vu dans Paris le cœur de l'Occident et de s'y être promené à pied avec son ami Brecker [*sic*], au lieu de défiler à la tête de ses troupes, travaille à saper l'influence de Goebbels [1]. »

On comprend mieux ce que Moulin de Labarthète voulait dire quand il accusait Chardonne — qui ne fait qu'un, très certainement avec le mystérieux voyageur [2] — de « s'expliquer trop », de « se justifier mal ». A coups de bobards et de « petits frais vrais », de fausses confidences et d'invraisemblables retournements de situation, c'est un roman que bâtit l'écrivain, un roman destiné à intoxiquer ses hôtes, dont Goebbels, frappé par la grâce de la francophilie, mais en butte aux menées de rivaux intrigants, est le pur héros. « Ils ne pensent qu'à nous admirer », jure l'écrivain français à propos de ces Allemands qui, de son propre aveu, ne rêvaient quelques mois auparavant que de démembrer la France ! Au milieu de cela, les Juifs, baladés de zone libre à Madagascar, alors qu'en cette fin d'année 1941, avant même la conférence de Wannsee qui déci-

1. Maurice Martin du Gard, *La Chronique de Vichy, op. cit.*, p. 163-164.
2. Abel Bonnard, autre identification possible, n'était pas présent à Vienne. Or, le mystérieux visiteur raconte une anecdote qui s'y est produite lors du passage de la caravane des écrivains. On ne voit pas, d'autre part, pourquoi Maurice Martin du Gard protégerait l'anonymat d'un collaborateur aussi engagé que Bonnard, membre de diverses organisations, notamment le groupe « Collaboration ».

dera de la Solution finale, les *Einsatzgruppen*, véritables escadrons de la mort, massacrent à la chaîne hommes, femmes et enfants sur l'arrière du front de l'Est.

Chardonne, on devine pourquoi, n'a jamais évoqué par la suite ce rôle d'émissaire officieux qu'il a tenu entre les services de Goebbels et Pétain. Pas plus d'ailleurs que Gerhard Heller, auteur plus que probable du compte rendu de la Propaganda Abteilung, mais qui, dans ses mémoires, escamotera cet épisode, en nazi zélé faisant disparaître toute trace. Cette instrumentalisation du romancier éclaire, il est vrai, d'un jour particulier son « amitié » avec Chardonne, et son rôle de mauvais ange dans son petit troupeau d'écrivains...

Le jour même de cette audience où Chardonne a représenté à Pétain l'intérêt qu'aurait la France à prendre sa place aux côtés des pays de l'Axe, les Etats-Unis faisaient leur entrée dans le conflit mondial en déclarant la guerre au Japon qui, la veille, avait attaqué leur base de Pearl Harbor. Au même moment, la Wehrmacht voyait disparaître ses espoirs d'une victoire éclair sur la Russie, après le succès de la contre-offensive soviétique déclenchée le 5 décembre devant Moscou.

Chardonne, si l'on doutait qu'il ne fasse qu'un

avec l'interlocuteur de Martin du Gard, ira encore plus loin, dans la même veine sulpicienne appliquée aux dirigeants nazis, que cet éloge de Goebbels. Deux ans et demi plus tard, le 18 juillet 1944, soit plus d'un mois après le début de la Libération de la France, il dressera dans une lettre inédite à son ami Henri Fauconnier un sidérant portrait de Hitler, ce Führer si délicat, dont on vient de voir que, pour ne pas blesser les Parisiens, il a préféré se promener à pied dans Paris. Un portrait voulu tout en nuances, d'un personnage que nul n'a compris, sauf bien sûr, Chardonne, celui qui « voit la figure ».

« Hitler a un fond d'humanité comme vierge, une sensibilité extrême, une bonté, une fidélité, une générosité que l'on ne trouve pas chez les autres hommes d'Etat et qui les gênerait. Et la faculté de résoudre l'insoluble, de venir à bout de tout très vite, comme si la matière ne lui résistait pas. A l'aise dans le miracle. Une extrême douceur, et un charme qui fascinait les femmes. Il subjuguait même ses ennemis. Mais réfléchi, patient, prudent. Une possession de soi qui a quelque chose de félin (capable, la rage au cœur, après les événements d'Afrique, d'écrire une longue lettre gentille à Pétain ; ou de retenir l'engin qu'il destinait à Londres, la vengeance que toute l'Allemagne réclamait jusqu'au jour propice). Enivré par la musique. Conduisant son peuple comme un orchestre ; et, dans ce rôle, incomparable. »

Et Chardonne de conclure dans la même lettre, en souvenir ému de ses excursions vers Weimar : « Quand on revenait de cette Allemagne, tout autre pays semblait plat. » L'effondrement du IIIe Reich, la déroute de ses favoris et l'ampleur de la catastrophe dans laquelle ils ont plongé l'Europe n'entraînent de sa part aucune « révision déchirante ». Le plus inouï est que ce portrait monstrueux de Hitler en âme sensible a pour auteur l'un des plus fins psychologues de son temps, le créateur de Berthe et d'Albert, le couple bouleversant de *L'Epithalame*, et le moraliste impavide, dans la grande tradition française, de *L'Amour c'est beaucoup plus que l'amour*. Comme si Chardonne, en ses contradictions, était la vivante illustration de son propre credo romanesque — cette impossibilité de cerner d'un seul trait un personnage, de saisir une âme aussi multiple et confuse qu'un nuage, une psychologie qui n'est qu'égarement, hallucination.

« Chardonne a inventé la passion amoureuse dans le mariage, puis la poésie du marchand provincial ; il lui restait à inventer l'Allemagne », ironisait pendant la guerre François Mauriac, en un jugement où affleurait le pardon chrétien. Chardonne lui-même n'a pas manqué de se retrancher derrière l'excès d'imagination du créateur, sa propension à faire de tout ce qu'il touche une fiction, oubliant commodément les motifs plus froids de son engagement pro-allemand. Déjà en 1943, entre deux éloges des SS dans *Le Ciel de Nieflheim*, le romancier charentais plaidait l'indulgence pour les aveuglements des hommes de lettres, sans s'excepter du lot : leurs écrits, disait-il, sont toujours « excusables à leur date ». Et, dans ce style mi-éberlué mi-sentencieux qui n'est qu'à lui, il laissait tomber cette interrogation où semble se trouver résumé son propre drame : « Mais à quoi sert l'intelligence ? »

Mais qui parle ici d'intelligence ? Ce n'est pas seulement contre l'esprit que Jacques Chardonne, Marcel Jouhandeau, Robert Brasillach, André Fraigneau et leurs compagnons de voyage ont péché, à l'automne de 1941, en se rendant en pèlerinage en Allemagne et en faisant à leur retour l'éloge des pourvoyeurs de charniers. Ce n'est pas seulement leur patrie, leur culture, qu'ils ont trahies en couvrant des fleurs de leur rhétorique les tenants de la barbarie. Non : c'est leur principal sujet de préoccupation, la grande affaire de leur œuvre qu'ils ont si étonnamment bafoué : l'amour — cet amour humain dont Chardonne nous avait appris en une maxime pascalienne que, étant par un singulier mystère « beaucoup plus que l'amour », il est la seule chose qui compte ici-bas.

Bibliographie

TÉMOIGNAGES ET DOCUMENTS ESSENTIELS

Die Dichtung im kommenden Europa, Weimarer Reden 1941, Hamburg, Hanseatische Verlaganstalt, 1942.

BRASILLACH (Robert), *Journal d'un homme occupé*, Paris, Les Sept Couleurs, 1955.

CAROSSA (Hans), *Ungleiche Welten*, Frankfurt am Main, Insel Verlag, 1978.

—, *Briefe*, Frankfurt am Main, Insel Verlag, 1978-1981.

CHARDONNE (Jacques), *Le Ciel de Nieflheim*, édité par l'auteur, 1943, rééd. portant la mention « Bucarest 1991 ».

GOEBBELS (Joseph), *Das eherne Herz, Reden und Aufsätze aus dem Jahren 1941/1942*, München, Zentralverlag der NSDAP, 1943.

—, *Tagebücher*, München, New York, Paris, K. G. Saur, 1987.

227

HELLER (Gerhard), avec la collaboration de Jean Grand, *Un Allemand à Paris 1940-1944*, Paris, Le Seuil, 1981.

JOUHANDEAU (Marcel), *Le Voyage secret*, 1949, rééd., Paris, Arléa, 1988.

—, *Journal sous l'Occupation*, Paris, Gallimard, 1980.

KIVIMAA (Arvi), *Eurooppalainen Veljeskunta : Runoilijmatka Halki Saksan*, Helsinki, Otava, 1942.

MARTIN DU GARD (Maurice), *La Chronique de Vichy*, Paris, Flammarion, 1975.

AUTRES OUVRAGES CONSULTÉS

Outre les œuvres littéraires, articles et correspondances des écrivains ayant participé au voyage de Weimar, ont été mis à profit les ouvrages suivants :

La littérature française sous l'Occupation, actes du colloque de Reims (30 septembre-2 octobre 1981), Presses universitaires de Reims, 1989.

Sur Marcel Jouhandeau, actes du colloque du centenaire, 15-16 octobre 1989, Presses de l'université de Limoges et du Limousin.

Amicale d'Orianenburg·Sachsenhausen, *Sachso*, coll. « Terre humaine », Paris, Minuit-Plon, 1982.

ANDREU (Pierre) et GROVER (Frédéric), *Drieu La Rochelle*, Paris, Hachette, 1979.

ARLAND (Marcel), *Ce fut ainsi*, Paris, Gallimard, 1979.

ARON (Raymond), *Chroniques de guerre · la France libre 1940-1945*, Paris, Gallimard, 1990.

ASSOULINE (Pierre), *L'Epuration des intellectuels*, Bruxelles, éd. Complexe, 1985.

BARBIAN (Jan-Pieter), *Literaturpolitik im « Dritten Reich »*, München, dtv, 1995.

BERL (Emmanuel), *Interrogatoire*, par Patrick Modiano, Paris, coll. « Témoins », Gallimard, 1976.

BRASSIÉ (Anne), *Brasillach, ou encore un instant de bonheur*, coll. « Biographie sans masque », Paris, Robert Laffont, 1987.

BREKER (Arno), *Paris, Hitler et moi*, Paris, Presse-Pocket, 1970.

BURRIN (Philippe), *La France à l'heure allemande, 1940-1944*, Paris, Le Seuil, 1995.

CABANIS (José), *Jouhandeau par...*, coll. « La bibliothèque idéale », Paris, Gallimard, 1959.

CHATEAU (René), *Le Cinéma français sous l'Occupation, 1940-1944*, Paris, éd. René Chateau et La mémoire du cinéma français, 1995.

COMBES (André), VANOOSTHUYSE (Michel), VODOZ (Isabelle), *Nazisme et anti-nazisme dans la littérature et l'art allemands (1920-1945)*, Presses universitaires de Lille, 1986.

DANON (Jacques), *Entretiens avec Elise et Marcel Jouhandeau*, Paris, Pierre Belfond, 1966.

DECOUR (Jacques), *Comme je vous en donne l'exemple...*, textes présentés par Aragon, Paris, Editions sociales, 1945.

DÉON (Michel), *Bagages pour Vancouver*, Paris, La Table ronde, 1985.

DESNOS (Youki), *Les Confidences de Youki*, Paris, librairie Arthème Fayard, 1957.

DESPIAU (Charles), *Arno Breker*, Paris, Flammarion, 1942.

FERNANDEZ (Dominique), *Porfirio et Constance*, Paris, Grasset, 1991.

FOUCHÉ (Pascal), *L'Edition française sous l'Occupation, 1940-1944*, Paris, Bibliothèque de l'Université Paris VII, 1987, 2 vol.

FRANK (Bernard), *La Panoplie littéraire*, rééd. Paris, Flammarion, 1989.

—, *Solde*, Paris, Flammarion, 1980.

GALEY (Matthieu), *Journal, 1953-1973*, Paris, Grasset, 1987.

—, *Journal, 1974-1986*, Paris, Grasset, 1989.

GRENIER (Jean), *Sous l'Occupation*, coll. « Pour mémoire », Paris, éd. Claire Paulhan, 1997.

GROVER (Frédéric), *Drieu La Rochelle*, coll. « La bibliothèque idéale », Paris, Gallimard, 1962.

GUÉHENNO (Jean), *Journal des années noires*, Paris, Gallimard, 1947, rééd. « Folio », 1973.

GUITARD-AUVISTE (Ginette), *La Vie de Jacques Chardonne et son art*, Paris, Grasset, 1953.

—, *Chardonne, ou l'incandescence sous le givre*, Paris, Olivier Orban, 1984.

HEBEY (Pierre), *La Nouvelle Revue française des années sombres, 1940-1941*, Paris, Gallimard, 1992.

HILLESHEIM (Jürgen) et MICHAEL (Elisabeth), *Lexikon national-sozialistischer Dichter*, Würzburg, Königshausen & Neumann, 1993.

ISORNI (Jacques), *Le Procès de Robert Brasillach*, Paris, Flammarion, 1946.

JOSEPH-BARTHÉLEMY, *Du Communisme au fascisme, histoire d'un engagement politique*, Albin Michel, Paris, 1978.

—, *Ministre de la Justice, Vichy 1941-1943*, Paris, Pygmalion-Gérard Watelet, 1989.

LÉAUTAUD (Paul), *Journal littéraire*, Paris, Mercure de France, 1964.

LOISEAUX (Gérard), *La Littérature de la Défaite et de la Collaboration*, Paris, Fayard, 1995.

LOTMANN (Herbert R.), *La Rive gauche*, Paris, Le Seuil, 1981.

—, *L'Epuration (1943-53)*, Paris, Fayard, 1986.

LOUIS (Patrick), *La Table ronde : une aventure singulière*, Paris, La Table ronde, 1992.

MANN (Erika) et MANN (Klaus), *Fuir pour vivre*, Paris, éd. Autrement, 1997.

MATHIEU (Olivier), *Abel Bonnard : une aventure inachevée*, Paris, Avalon, 1988.

MILLAU (Christian), *Au Galop des Hussards. Dans le tourbillon littéraire des années cinquante*, Paris, de Fallois, 1999.

MONTHERLANT (Henry de), *Essais*, coll. « Bibliothèque de la Pléiade », Paris, Gallimard, 1963.

MOULIN DE LABARTHÈTE (Henri du), *Le Temps des illusions*, Genève, Les éditions du cheval ailé, 1946.

MULLER (Henry), *Trois Pas en arrière*, Parıs, La Table ronde, 1952.

NOURISSIER (François), *Bleu comme la nuit*, Paris, Grasset, 1958.

—, *Mauvais Genre*, entretiens avec Frédéric Badré et Arnaud Guillon, Paris, Quai Voltaire, 1994.

PAULHAN (Jean), *Choix de lettres*, t. II, *1937-1945, le Traité des jours sombres*, Paris, Gallimard, 1992.

—, *Correspondance avec Marcel Arland, 1936-1945*, « Les Cahiers de la NRF », Paris, Gallimard, 2000.

PELLISSIER (Pierre), *Brasillach le maudit*, Paris, Denoël, 1989.

RAGACHE (Gilles) et RAGACHE (Jean-Robert), *La Vie quotidienne des écrivains et des artistes sous l'Occupation*, Paris, Hachette, 1988.

REBATET (Lucien), *Les Mémoires d'un fasciste*, t. II, *1941-1947*, Paris, Pauvert, 1976.

RIGOULOT (Pierre), *Les Enfants de l'Epuration*, Paris, Plon, 1993.

RODE (Henri), *Marcel Jouhandeau*, coll. « Approximations », Paris, éd. de la Tête de feuilles, 1972.

SAPIRO (Gisèle), *La Guerre des écrivains, 1940-1953*, Paris, Fayard, 1999.

SAVIGNEAU (Josyane), *Marguerite Yourcenar, l'invention d'une vie*, Paris, Gallimard, 1990.

SCHIRACH (BALDUR von), *J'ai cru en Hitler*, Paris, Plon, et Le Cercle du nouveau livre d'histoire, 1968.

SPEER (Albert), *Au cœur du Troisième Reich*, Fayard, 1971.

BIBLIOGRAPHIE

THALMANN (Rita), *La Mise au pas*, Paris, Fayard, 1991.

THUNECKE (Jörg) (s. dir.), *Leid des Worte, Panorama des literarischen Nationalsozialismus*, Bonn, Bouvier Verlag, 1987.

VERDÈS-LEROUX (Jeannine), *Refus et Violences, Politique et littérature à l'extrême droite des années trente aux retombées de la Libération*, Paris, Gallimard, 1996.

WINOCK (Michel), *Le Siècle des Intellectuels*, coll. « Points », Paris, Le Seuil, 1997.

Remerciements

Ce « voyage d'automne » doit beaucoup au regard critique et à la science historique d'Anthony Rowley. Il n'aurait pu être entrepris sans l'aide amicale de Pierre-Bertrand Dufort et de Jérôme Dupuis, ni sans les conseils de Jean-Paul Enthoven.

Que tous ceux qui ont bien voulu m'autoriser la consultation d'archives privées ou publiques trouvent également ici l'expression de ma reconnaissance : M. André Bay, M. Philippe Bélaval, directeur des Archives de France, M. François Chapon, conservateur honoraire de la Bibliothèque littéraire Jacques-Doucet, Mme Liza Daum, de la Bibliothèque historique de la Ville de Paris, Mme Danielle Mincio, conservateur à la Bibliothèque cantonale et universitaire de Lausanne, et M. Herbert R. Lottman. Ma gratitude toute particulière va à M. Roland Fauconnier, dont la bienveillante patience ne s'est jamais démentie, ainsi qu'à Mme Claire Paulhan, dont l'accueil et les conseils à l'Institut Mémoires de l'Edition Contemporaine m'ont été si précieux. Enfin, tous mes remerciements à Bertrand Galimard-Flavigny, Pascal Mercier, et à Mme Pirjo Touratier, de l'Institut finlandais.

Table

1. Au rendez-vous allemand 9
2. Le Rhin romantique 25
3. Deutschland-Frankreich 51
4. « Aplatis comme du papier » 73
5. Le théâtre d'ombres de Weimar 97
6. Un ami du Führer 133
7. L'« exploitation » 151
8. Le voyage fantôme 185
Epilogue : Chardonne, le visiteur du soir...... 215

Bibliographie 227
Remerciements 235

Cet ouvrage a été composé par
Graphic Hainaut (59163 Condé-sur-l'Escaut)
et imprimé par la Société Nouvelle Firmin-Didot
Mesnil-sur-l'Estrée
pour le compte des Éditions Plon
Achevé d'imprimer en novembre 2000

Imprimé en France
Dépôt légal : octobre 2000
N° d'édition : 13252 - N° d'impression : 53406